中国式现代化与乡村振兴系列

总主编：魏礼群　主　编：张照新　朱立志

夯实粮食安全根基

冯玉苹　武　文 ◆ 编著

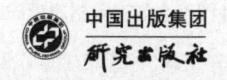

中国出版集团
研究出版社

图书在版编目 (CIP) 数据

夯实粮食安全根基 / 冯玉苹, 武文编著. -- 北京：研究出版社, 2024.1

ISBN 978-7-5199-1575-9

Ⅰ.①夯… Ⅱ.①冯…②武… Ⅲ.①粮食安全－研究－中国 Ⅳ.①F326.11

中国国家版本馆CIP数据核字(2023)第181471号

出 品 人：赵卜慧
出版统筹：丁 波
责任编辑：朱唯唯

夯实粮食安全根基
HANGSHI LIANGSHI ANQUAN GENJI

冯玉苹 武文 编著

研究出版社 出版发行

（100006 北京市东城区灯市口大街100号华腾商务楼）

北京云浩印刷有限责任公司印刷 新华书店经销
2024年1月第1版 2024年1月第1次印刷
开本：880毫米×1230毫米 1/32 印张：6.5
字数：145千字
ISBN 978-7-5199-1575-9 定价：38.50元
电话（010）64217619 64217612（发行部）

版权所有·侵权必究
凡购买本社图书，如有印制质量问题，我社负责调换。

序

以习近平同志为核心的党中央高度重视"三农"工作。随着脱贫攻坚战的圆满收官，我国解决了绝对贫困问题，全面建成小康社会，实现了第一个百年奋斗目标，已迈入第二个百年奋斗目标的新征程。党的二十大报告提出，到本世纪中叶，全面建成社会主义现代化强国。而全面建设社会主义现代化国家，最艰巨最繁重的任务依然在农村。要坚持农业农村优先发展，坚持城乡融合发展，畅通城乡要素流动，加快建设农业强国，扎实推动乡村产业、人才、文化、生态、组织振兴。全面推进乡村振兴，是新时代新征程推进和拓展中国式现代化的重大任务。

2023年是贯彻落实党的二十大精神的开局之年。中央1号文件强调，要抓好两个底线任务，扎实推进乡村发展、乡村建设、乡村治理等乡村振兴重点工作，建设宜居宜业和美乡村，为全面建设社会主义现代化国家开好局起好步打下坚实基础。

任务既定，重在落实。进入"十四五"以来，党中央、国务院围绕保障粮食安全、巩固拓展脱贫攻坚成果、防止规模性返贫和全面推进乡村振兴重点工作，出台了一系列政策文件和法律法规，"三农"发展方向、发展目标、重点任务更加明确，工作机制、工作体系、工作方法更加完善，为乡村振兴战略推进奠定了基础。但是，由于"三农"工作是一个系统工程，涉及乡村经济、社会各个领域、各个环节、各类主体，仍然可能面临不少理论和实践问题。例如，如何处理农民与土地的关系、新型农业经营主体与小农户的关系、粮食安全与农民增收的关系、乡村发展与乡村建设的关系等等。全面推动乡村振兴工作的落实落地，需要深入研究许多问题和困难挑战。

习近平总书记指出，问题是时代的声音，回答并指导解决问题是理论的根本任务。理论工作者要增强问题意识，聚焦实践遇到的新问题、改革发展稳定存在的深层次问题、人民群众急难愁盼问题、国际变局中的重大问题、党的建设面临的突出问题，不断提出有效解决问题的新理念新思路新办法。

我们欣喜地看到，近年来，有些"三农"领域的理论工作者已经开始站在实现中国式现代化的新高度，加快推进农业强国建设，开展相关的理论研究和实践探索工作，并形成了一批成果。本套丛书的出版，可以说就是一次有益的尝试。丛书全套分六册，其中：

《夯实粮食安全根基》，系统介绍了粮食安全相关的基础知识和保障粮食安全涉及的粮食生产、储备、流通、贸易等多方面政策，通俗易懂地解答了人们普遍关心的粮食安全领域热点难点民生问题。

《加快乡村产业振兴》，结合乡村产业发展涉及的产业布局优化、产业融合发展、绿色化品牌化发展、产业创新发展，分门别类地就热点问题进行了概念解读、理论分析和政策阐释，并结合部分先进地区的发展经验，提供了部分可资借鉴的发展模式和案例。

《构建现代农业经营体系》，在阐释相关理论和政策、明晰相关概念和定义的基础上，回答了现代农业经营体系建设相关工作思路的形成过程、支持鼓励和保障性政策的主要内容、各项政策推出的背景和意义、政策落实的关键措施、主要参与主体、发展模式等问题。

《推动农民农村共同富裕》，围绕农民就业增收、经营增效增收、就业权益保障、挖掘增收潜力等多个方面,详细介绍了促进农民收入增长的政策、路径和方法。

《促进农户合作共赢》,通过对农民专业合作社的设立、组织机构、财务管理、产品认证、生产经营、年度报告、扶持政策等内容进行全面的解读,为成立农民专业合作社过程中在经营管理、财务管理、政策扶持等方面有疑问的读者提供了参考建议。

《建设宜居宜业和美乡村》,在系统梳理宜居宜业和美乡村建设已有做法、经验的基础上,全面介绍了农村厕所革命、农村生活污水治理、农村生活垃圾治理、村容村貌提升、农业废弃物资源化利用、乡村治理等领域的基础知识、基本情况、政策要求、技术路径、方法要领和典型模式,以及发达国家的做法经验。

六册丛书以乡村发展为主,同时涵盖了乡村建设和乡村治理两个领域,具有重要参考价值和指导意义。各册内容总体上分章节形式,体现清晰的逻辑思路;在章节内采取一问一答形式,便于使用者精准找到自己想要的问题答案。部分书册节录了部分法律和政策文件,可供实际操作人员查阅参考。

在丛书的选题以及编写过程中,各位作者得到了研究出版社社长赵卜慧、责任编辑朱唯唯等的大力支持和帮助,在此一并致谢!同时,由于水平所限,书中难免存在问题和不足之处,请予以指正。

本套丛书付梓之际,应邀写了以上文字,是为序。

魏礼群
二〇二三年十一月

第一编 粮食安全问题概述

- 003　什么是粮食？粮食与食物有何区别？
- 004　粮食安全的定义是什么？
- 005　我国粮食安全的基本内涵是什么？
- 007　保障粮食安全需要关注哪些方面？
- 008　为什么说粮食安全具有准公共品属性？
- 008　为什么说粮食生产具有正外部性？
- 009　如何对粮食安全进行评估？
- 010　粮食安全的评价指标主要有哪些？
- 012　联合国粮农组织是个什么样的机构？
- 012　什么是国际农业发展基金？
- 013　什么是"2030粮食安全路线图"？
- 014　新国家粮食安全观的内涵是什么？

第二编 粮食生产与粮食安全

- 019　粮食按品种、季节如何分类？
- 019　粮食产量是如何统计出来的？
- 020　如何预测粮食产量？
- 021　新中国成立以来，我国的粮食总产量是如何变化发展的？
- 025　新中国成立以来，我国人均粮食产量是如何变化发展的？
- 027　什么是粮食综合生产能力？
- 029　如何保护和提高粮食综合生产能力？
- 030　我国粮食生产在空间上是如何分布的？
- 031　粮食主产区和主销区是如何划分的？
- 033　改革开放以来，我国的粮食生产格局是如何演变的？
- 034　如何看待"南粮北调"变为"北粮南运"的格局？
- 035　如何看待土地利用的阶段性？
- 036　农业自然灾害对粮食生产有何影响？
- 037　我国农业保险的发展历程是怎样的？
- 041　土地流转对粮食生产有何影响？
- 042　如何加快培育新型农业经营主体？
- 044　影响我国粮食生产的制约因素有哪些？
- 046　如何看待未来时期我国的粮食生产形势？

第三编 国内市场与粮食安全

051　新中国成立以来，我国粮食价格政策是如何演变的？

052　为什么我国在1953年要实行粮食统购统销？

055　什么是粮食保护价格制度？

056　什么是粮食最低收购价政策？

059　粮食市场为什么需要政府干预？

060　影响粮食供求的因素有哪些？

060　什么是粮食消费及目前粮食消费结构特征有哪些？

061　人均食物消费量的标准是多少？

061　如何预测我国未来的粮食需求量？

061　如何看待未来时期我国的粮食产需形势？

063　什么是订单粮食？

064　什么是粮食目标价格？为什么要推行粮食目标价格制度？

065　实行粮食目标价格对我国有何挑战？

066　什么是粮食储备？粮食储备制度是如何逐步建立的？

068　我国应如何不断健全粮食储备体系？

070　什么是粮食储运安全？

071　我国粮食库存现状如何？

072　什么是粮食银行？

073　我国粮食加工业现状如何？

肆

|第四编| 粮食贸易与粮食安全

- 079　什么是贸易性粮食安全？
- 079　新中国成立以来，我国的粮食贸易是如何发展的？
- 084　如何看待国际粮食贸易的市场结构？
- 085　我国粮食进口贸易有什么特点？
- 086　我国要不要扩大粮食贸易？
- 088　什么是粮食结构性安全？
- 088　我国为什么要利用好国际粮食市场？
- 090　如何看待粮食的自给率与进口量的关系？
- 090　什么是虚拟耕地？
- 091　我国为什么要实施粮食进口来源多元化？
- 092　为什么我国在粮食增产的同时进口量也在增加？
- 092　我国粮食企业如何才能顺利地"走出去"？

伍

|第五编| 我国粮食安全面临的挑战

- 099　如何看待粮食金融化？
- 100　什么是耕地红线？

- 101　什么是粮食风险基金？
- 102　为什么说粮食质量安全要严控每个环节？
- 102　如何看待转基因粮食？
- 104　城镇化与粮食安全有何关系？
- 105　如何减少粮食的损耗与浪费？
- 107　为什么要控制化肥的过量施用？
- 107　我国粮食安全领域存在哪些重大关系？如何处理好这些关系？
- 109　农业强国视域下我国粮食安全面临哪些挑战？
- 111　如何保障我国的粮食安全？

陆

第六编　国家粮食安全战略及政策

- 115　国家粮食安全战略提出的现实背景是什么？
- 117　新时期我国粮食安全战略的主要内涵是什么？
- 120　新中国成立以来，我国粮食安全政策是如何演变的？
- 123　我国耕地与水资源保护政策是如何演变的？
- 126　我国粮食补贴政策是如何演变的？
- 128　我国是如何强化粮食安全政治保障的？
- 129　如何健全种粮农民收益保障机制和主产区利益补偿机制？
- 134　未来我国保障粮食安全的政策取向有哪些？

| 附录 | 重要政策文件

143　《粮食流通管理条例》

156　《粮食节约行动方案》

163　《关于防止耕地"非粮化"稳定粮食生产的意见》

168　《中华人民共和国农产品质量安全法》

191　参考文献

第一编 粮食安全问题概述

● 什么是粮食？粮食与食物有何区别？

"粮食"一词在我国很早就开始使用。比如,《左传·襄公八年》中记载,"楚师辽远,粮食将尽"。《三国志·魏书·武帝纪》中记载,"(袁绍)土地虽广,粮食虽丰,适足以为吾奉也"。对于"粮食"一词的含义,东汉经学大师郑玄曾注云:"行道曰粮,谓糒也;止居曰食,谓米也。"我国古人把粮食称誉为"百感交集之物",称其"凝天地精气,蕴日月精华,承雨露化育,方凝结而成,以济天下苍生"。

在联合国粮食及农业组织（Food and Agriculture Organization of the United Nations, FAO）（下简称"联合国粮农组织"）统计口径中,粮食一词有广义和狭义之分。广义上的粮食,指的是食物或食品（food）,包括谷物类、块根和块茎作物类、豆类、油籽、油果和油仁作物类、蔬菜和瓜类、糖料作物、水果和浆果类,以及家畜、家禽、畜产品类；狭义上的粮食,指的就是谷物（cereal）,即小麦、稻谷、粗粮（包括大麦、玉米、黑麦、燕麦、黑小麦、高粱）。在国家统计局的粮食统计口径中,粮食主要包括谷物类、豆类和薯类,其中谷物类包括小麦、稻谷、玉米、谷子、高粱和其他谷物,豆类包括大豆、绿豆和红小豆等,薯类则包括马铃薯和甘薯等。可见,国内外对于粮食的统计口径并不相同。在我国,大豆从食用功能上看以生产食用油原料为主,但在农作物产量的统计上却被划分至粮食类。

"粮食"和"食物"这两个词并无本质上的差别,都是人类赖以生存或者从中摄取营养与能量的东西。当将两者区别开来时,食物是一个大概念,粮食则是一个小概念,食物包括粮食。从大食物观的视角来理解粮食,正如习近平总书记指出的那样,粮食安全实际上就是食物安全。

● 粮食安全的定义是什么?

联合国粮农组织曾先后三次定义粮食安全。第一次是在20世纪70年代初期,当时正值世界性粮食危机,全球谷物库存锐减,世界各国谷物价格在此期间平均上涨两倍。基于此,联合国粮农组织在1974年11月的罗马世界粮食会议上呼吁各国重视"国家粮食安全问题",并将"粮食安全"定义为"任何人在任何时候都有能力获得生存和健康所需的食物"。

然而,上述定义仅限于国家和全球的粮食供给,在实践中粮食并没有得到合理的分配,国家或全球级别的粮食充足并不能保证家庭级别的粮食安全。20世纪80年代开始,家庭粮食安全,即家庭获得粮食的能力,成为粮食安全的重要内容。1983年,联合国粮农组织对粮食安全概念进行了修正,称"粮食安全的最终目标是确保所有人在任何时候既能买得起又能买得到他们所需要的基本食物"。此时,联合国粮农组织关注的主要是贫困人口的粮食安全问题。

20世纪90年代,营养安全成为粮食安全的重要议题。1996年11月,世界粮食首脑会议(World Food Summit)在罗马联合国粮农组织总部举行,会议通过了两个正式文件《世界粮食安全罗马宣言》和《世界粮食首脑会议行动计划》。联合国粮农组织在《世界粮食安全罗马宣言》中,对粮食安全做了新的表述,即"让所有人任何时候都能在物质上和经济上获得足够、营养和安全的食物,来满足其积极、健康生活的膳食需要及食物喜好",该定义进一步拓宽了粮食安全的内涵和外延。

21世纪初，粮食安全概念扩展到无污染、无公害、绿色安全的范畴。2001年，世界粮食安全大会提出，"所有人在任何时候都能够在物质上和经济上获得足够的、富有营养和安全的食物"。

近年来，食物营养问题再度受到关注。2014年11月，由联合国粮农组织和世界卫生组织主办的第二届国际营养大会在罗马召开。会议通过《营养问题罗马宣言》，倡导人人享有获得安全、充足和营养食物的权利，并呼吁各国政府为防止包括饥饿、微量营养素缺乏和肥胖等在内的各种形式的营养不良作出努力。

● **我国粮食安全的基本内涵是什么？**

我国的粮食安全概念与国际上通用的联合国粮农组织所定义的粮食安全不能简单地画等号。随着实际探索不断深入，人们对其理解也逐步丰富与拓展。尤其是进入新发展阶段，在建设农业强国的战略背景下，我国的粮食安全是全方位的、高水平的，不仅包括粮食产量、粮食质量和粮食结构，还涉及粮食消费与粮食系统的可持续性，不仅要解决"吃得饱"的问题，也要关注"吃得安全、吃得健康、吃得便利"的问题。概括起来，我国的粮食安全概念主要有以下三方面的基本内涵。

一是粮食的数量安全。2004年以来，我国粮食产量连续增长，多年来产不足需的情况得到明显改变。2006年，我国三大主粮的产量比消费量多667.2万吨，实现了供大于求的转变，之后连续十多年一直保持这一格局。但2018年，产不足需的情况再次出现，2021年三大主粮的产需缺口已超过3300万吨。再次出现产不足需情况的主要原因是消费量增长速度快于产量增速,而推动粮食消费量快速增长的主要原因,是饲料消费量和工业消费量的快速增长。我国的粮食总产量连续8年站稳1.3万亿斤台阶,粮食人均占有量已多年高于世界平均水平,但是,由于我国人口基数大且人口高峰值尚未到来,粮食增产的压力始终严峻地摆在我们面前。因此,粮食数量安全始终是我国粮食安全的物质基础与可靠保证,粮食增产进而提高粮食人均占有量,不仅是我国农业发展的核心与首要任务,而且事关经济社会稳定与国家安危。

二是粮食的质量安全。民以食为天,食以安为先,安以质为本。近年来,我国大力提升粮食综合生产能力,粮食库存总量充足。我国居民的消费需求也从"吃得饱"转向"吃得好""吃得放心",人民群众对粮食质量安全问题越来越关注,即在保障数量供给安全的同时,也要更加重视粮食质量安全。由此,如何处理好粮食的数量增长与质量提升的关系,兼顾好粮食的数量安全与质量安全,是像我们这样人多地少的发展中大国必须长期面对的农业之难。这要求我们在把握粮食的增产与提质两者之间的关系上必须做到:一方面是要持续稳定发展粮食生产,确保粮食的数量供给保持平稳增长的态势;另一方面是要顺应满足人民美好生活需要对粮食消费需求产生的新变化与新要求,围绕"吃得好"和"吃得营养健康",不断提高粮食及其加工产品的质量。

三是粮食的产业安全。当今时代的农业竞争,已不再局限于具体产品和某个环节之间的竞争,而是体现为整个产业链或产业体系之间的竞争。进入21世纪特别是加入世界贸易组织以来,我国的粮食产业尤其是大豆产业受到的影响与冲击很大。不仅如此,种粮成本上升、比较效益下降、国内外价格倒挂、耕地利用重用轻养、地下水超采、面源污染加重等资源环境问题日益凸显，更是对粮食产业的持续健康发展提出严峻挑战。2020年中央经济工作会议和中央农村工作会议首次提出"建设国家粮食安全产业带"的概念，2022年中央一号文件再次强调推进国家粮食安全产业带建设。国家粮食安全产业带对推动粮食生产提质增效、促进粮食产业转型升级、提升粮食安全保障能力具有深远意义。未来，我国只有加快转变农业发展方式，全面推进农业供给侧结构性改革，才可能在日趋激烈的国际竞争中提升保障粮食产业安全的能力与水平，巩固国家粮食安全的产业基础。

● 保障粮食安全需要关注哪些方面？

从生产角度看，需要关注粮食的播种面积、品种结构、区域分布、气象条件、生产环境等方面；从消费角度看，需要关注人口、收入水平、膳食结构、消费偏好等方面；从市场角度看，需要关注粮食的收储情况、区际调运、流通效率、粮价的涨跌幅度等方面；从贸易角度看，需要关注粮食主产国的生产情况、主要贸易国的贸易政策、国内外粮价的差异等方面。

从全球来看，粮食安全问题存在于生产、流通和消费这三个环节。其中，生产环节引发的粮食安全问题，主要表现为全球性的粮食生产韧性水平下降和粮食短缺，导致粮食供给严重不足；流通环节引发的粮食安全问题，主要表现为粮食主产国、主要贸易国限制或禁止粮食的出口、进口，或者因战乱、基础设施落后等原因导致的粮食无法及时运抵消费区域，以及粮食价格暴涨或不断上涨造成恐慌的现象；消费环节引发的粮食安全问题，主要表现为地震、海啸、洪涝灾害等灾情引起的区域性粮食短缺，或者因购买能力偏低消费者买不起粮食的现象。

● 为什么说粮食安全具有准公共品属性？

从商品角度看，粮食具有私人产品的排他性和竞争性。某个消费者已经消费了的粮食，其他消费者就不可能再进行消费。但是，粮食安全不同于私人消费品，它具有准公共产品的属性。准公共产品是指具有有限的非竞争性或有限的非排他性的产品，介于纯公共产品和私人产品之间，如教育、政府兴建的公园、拥挤的公路等都属于准公共产品。粮食生产为人类提供生存所必需的食物，粮食安全是国家经济政治稳定的基础。只有确保所有人在任何时候既能买得到又能买得起他们所需要的基本食物，社会才能稳定，经济才能发展。粮食安全是一种准公共产品，政府有责任采取措施保障本国的粮食安全。

● 为什么说粮食生产具有正外部性？

在社会生产活动中，某些主体的经济行为经常会对社会其他主体的福利产生影响。如果某个主体的行为给别人带来好处，但并不能由此得到（足够的）补偿，就是正外部性。就粮食生产来说，一方面农民在种植粮食的过程中，向社会无偿提供了农业景观和好的生态环境，使社会公众受益；另一方面粮农以低廉的价格、高生产成本和机会成本，向社会提供了维持生命所必需的粮食以及饲料原料，保障了整个社会的粮食安全。从实际情况看，由于从事其他产业的收入远高于从事粮食生产的收入水平，所以在没有政府干预的情况下，劳动力、耕地、资金等粮食生产要素就会源源不断地转移到非粮、非农等其他产业，最终将导致粮食供应紧张、粮价飞涨等影响社会稳定的现象。正是由于政府划定了耕地红线，严格限制耕地特别是基本农田转为非农用途，同时又对种粮农户进行补贴，才确保了粮食种植面积的稳定和粮食产量的增加。

◉ 如何对粮食安全进行评估？

目前，评估粮食安全的方法一般分为三种：定量评价法、定性评价法和综合评价法。

定量评价法。学术界关于粮食安全的定量评价方法主要有 ADS 模型法、标准比值法、加权平均法、宏微观相结合的方法、客观赋值法、专家打分法、主成分法、二阶模糊评判法、熵值法和多指标综合评价法等。比如，朱文冲指出运用熵值法测算出我国 31 个省级行政区划单位 2008—2018 年的粮食安全评价指数；马恩朴等在建立粮食安全评价因子数据集和粮食安全影响因素数据集的基础上，运用多指标综合评价法评价 2000—2014 年 172 个国家的粮食安全水平。

定性评价法。联合国粮农组织对世界粮食不安全状况的评估标准主要是每个国家（或地区）总人口中营养不良人口所占的比重。按照联合国粮农组织的标准，所谓营养不良是指人均每日摄入的热量少于 2100 卡。如果一个国家（或地区）营养不良人口的比重达到或超过 15%，则属于粮食不安全国家（或地区）。毛学峰等运用定性分析方法和案例分析法，从粮食结构、粮食流通与贸易环节等方面评估国内粮食安全状况，识别出粮食流通与贸易环节存在的风险，粮食流通的多层级性、长距离性和跨省移库压力，建议政府关注脆弱的粮食流通体系。

综合评价法。美国农业部采用问卷调查的方法进行粮食安全评估。问卷涵盖三大类18个问题。第一类是住户项目，包括3个问题：（1）担心在有钱购买更多食品之前把食物消费完毕；（2）所购买的食品不能持久，没有钱购买更多食品；（3）消费不起营养均衡的食物。第二类是针对成年人的项目，包括7个问题：（1）成年人缩减进食或减少进餐顿数；（2）成年人所食用的饭量少于应该食用的数量；（3）成年人在三个月或以上时间内缩减饭食量或减少进餐顿数；（4）成年人没有足够的支付能力购买食物而挨饿；（5）成年人体重下降；（6）一整天未进餐；（7）在三个月或以上时间内有一整天没进餐的情况。第三类是针对儿童的项目，包括8个问题：（1）依赖少数几种低价食物喂养儿童；（2）不能为儿童提供营养均衡的食品；（3）儿童吃不饱；（4）缩减儿童饭食量；（5）儿童挨饿；（6）儿童减少进餐顿数；（7）在三个月或以上时间内儿童减少进餐顿数；（8）儿童一整天未进餐。根据回答"是"或"否"计算粮食不安全的状况。

● 粮食安全的评价指标主要有哪些？

世界粮食安全委员会秘书处在2000年提出评价粮食安全的7个指标：（1）营养不足的人口发生率；（2）人均膳食热能供应；（3）谷物和根茎类食物热量占人均膳食热能供应的比例；（4）出生时预期寿命；（5）5岁以下儿童死亡率；（6）5岁以下体重不足儿童所占比例；（7）体重指数小于18.5的成人所占比例。该指标体系在2000年9月第26届世界粮食安全委员会上得到批准。

中国国家统计局农村社会经济调查司（2005）设计的粮食安全评价指标体系，涉及供给、需求、市场、库存4个方面。其中，供给方面包括人均粮食播种面积、有效灌溉面积比重、播种面积成灾率、亩实际物质收入、农业科技进步贡献率5项指标；需求方面包括产需缺口、口粮满足度、缺粮户比重、缺粮省（区、市）缺粮程度4项指标；市场方面包括粮食消费价格指数、农业生产资料价格指数、粮食外贸依存度3项指标；库存方面包括国家粮食储备率、农民户均存粮2项指标。

学术界关于粮食安全内涵的研究，已由粮食生产的单一方面向多维度不断丰富和拓展。张元红等基于国际公认的粮食安全概念，构建了包括供给、分配、消费、利用效率、保障结果、稳定性、可持续性和政府调控力8个方面的指标体系，对中国粮食安全保障的现状、趋势、问题进行了分析。崔明明等从新时代粮食安全观的新内涵和新目标出发，构建了包含数量安全、质量安全、生态环境安全、经济安全和资源安全5个维度的粮食安全评价体系，选取14个指标对我国粮食安全的演变和现状进行评价。朱文冲通过构建包含营养性、可供性、"买得起、买得到"、稳定性、持续性和政策支持性6个维度17个指标的广义粮食安全评价指标体系以及包含粮食供给与粮食获取2个方面5个指标的狭义粮食安全指标体系，并根据熵值法测算出我国各省广义和狭义的粮食安全综合指数。

综合学者观点，粮食安全的评价指标主要包括可供性即数量安全（如粮食自给率、粮食播种面积、粮食单位面积产量、人均粮食占有量等），营养性即质量安全（如肉蛋奶水产总量、营养不良人口发生率、农药施用量等），"买得起、买得到"即经济安全（如粮食销售价格指数、种植主粮净利润、恩格尔系数等），可持续性即生态环境安全（如化肥施用量、耕地资源等），稳定性（如作物受灾比例、粮食总产量波动率、粮食价格波动率、粮食储备率、种植结构等），政策支持性（如粮食生产财政支出、粮食流通财政补贴等）等方面。

● 联合国粮农组织是个什么样的机构？

联合国粮农组织于1945年10月16日在加拿大魁北克正式成立，1946年12月成为联合国专门机构，总部设在意大利罗马。其宗旨是提高人们的营养水平和生活标准，改进农产品的生产和分配，改善农村和农民的经济状况，促进世界经济的发展并保证人类免于饥饿。

1979年11月，第20届联合国粮农组织大会将1981年10月16日确定为首届世界粮食日，以后每年的这一天都作为"世界粮食日"，该组织各成员国举行相关活动，以唤起世界对发展粮食和农业生产的高度重视。2014年是联合国国际家庭农业年。2022年10月16日是第42个世界粮食日，联合国粮农组织将全球活动的主题确定为"不让任何人掉队。更好生产、更好营养、更好环境、更好生活"。

● 什么是国际农业发展基金？

20世纪70年代初，世界不少地区农业歉收，出现"粮食危机"。在发展中国家的积极推动下，联合国于1974年11月在罗马召开世界粮食会议，决定建立国际农业发展基金（International Fund for Agricultural Development，IFAD），简称"农发基金"，以便为发展中国家的农业开发，尤其是粮食生产提供资金。

农发基金是联合国系统专门向发展中成员国提供粮食和农业发

展贷款的金融机构,于 1978 年 1 月正式开始业务活动,总部设在意大利罗马。其宗旨是筹集资金,以优惠条件向发展中成员单位发放农业贷款,扶持农业发展,消除贫困与营养不良,促进农业范围内南北合作与南南合作。截至 2020 年 10 月,农发基金共有 173 个成员国。

● 什么是"2030 粮食安全路线图"?

粮食安全是全球关注的焦点问题。2013 年 7 月,欧委会授权欧盟联合研究中心(Joint Research Centre)在布鲁塞尔举办了全球粮食安全研讨会。会议以农业资源可持续发展、粮食生产区划、市场供需及政策管理等为题,就农业生产面临的挑战、机遇及保障粮食供给和食品安全的途径等问题进行了专题研讨。会议汇集了专家意见,为欧盟制定"2030 粮食安全路线图"提出了政策建议。

会议提出,一要加强农业技术研发和创新投入,促进农业技术的推广和转化,推动农业和农村创新,提高农业生产力。二要改进水土等农业资源的管理,提高资源效率,发展资源节约型农业和生态农业,保护环境。在加强农业系统食品生产功能的同时,发展农业的生态服务功能。三要增加对农业的扶持和投入,增强能力建设。发展多种经营,支持农村中小企业,提高农产品附加值,提高农民收入,使农业成为经济回报率高、吸引力强的产业。四要改善农民在政策制定过程中的参与度,提高农民的话语权。建立公私伙伴关系(Public Private Partnership)机制,将农产品补贴转化为更多的公共服务产品。五要降低和减少农业生产、储藏、加工和流通等食品链各个环节的损耗和浪费。通过技术创新,降低农产品的产后损失。六要改变饮食结构和倡导健康消费模式。随着收入水平的提高,肉蛋奶的消费量逐年上升。但过量的高蛋白/高脂肪对健康无益，动物蛋白的生产消耗大量粮食，因此要引入食品足迹（Food Footprinting）的理念，引导正确消费。

● **新国家粮食安全观的内涵是什么？**

2013年，习近平总书记在中央经济工作会议上明确提出，要依靠自己保口粮，集中国内资源保重点，做到谷物基本自给、口粮绝对安全，把饭碗牢牢端在自己手上。"谷物基本自给、口粮绝对安全"的新粮食安全观，并不意味着我们放弃立足国内资源实现粮食基本自给的方针，而是顺应时代发展的新形势来提升国家粮食安全的能力与水平。因此，我们可从发展理念的视角来认识和把握新国家粮食安全观的主要内涵。

从"粮食安全"向"食物安全"拓展。随着经济社会发展，口粮在人们日常饮食结构中的比重不断下降，人们对肉类、蔬菜、水果等非粮食类产品的需求不断增加，因而保证多样化的食品供给逐步成为粮食安全的新内容。过去我们更多的是局限于在农业生产特别是粮食生产的领域发展农业，现在则越来越强调"三产"融合发展，农业领域覆盖的范围越来越广。新国家粮食安全观是建立在大农业观与大食物观的基础上，从食物安全的全局来谋划粮食安全，以保障粮食安全为基础，以保证食物安全为目标，以保障终端消费者满意度为指针，合理调整不同类型粮食的种植结构和比例，在确保口粮绝对安全的同时积极提高食物的品质。新粮食安全观有着更广的视野和更高的站位，不是简单地就粮食安全说粮食安全。

从注重"数量安全"向"量质并重"转变。我国粮食总产的持续增长所付出的资源环境代价,使我们看到以过度依赖资源消耗的农业发展方式追求粮食产量增加是难以为继的,并不具有可持续性。大豆进口的迅速增长,使我们看到利用国际资源与市场减轻国内粮食生产压力的足够空间与现实可能性。新粮食安全观强调谷物基本自给,很重要的就是把一部分大豆供给转向利用国际上的资源与市场,进而发挥谷物生产的国际比较优势,守住国内谷物供给的自给率;同时集中力量提高粮食供给质量和效率。随着消费水平不断提升,在吃得饱的基础上,为了满足城乡居民吃得好、吃得营养、吃得健康的需求,粮食安全从以前注重数量转为数量、质量并重,在保障数量供给的同时,更加注重农产品质量和食品安全。

新粮食安全观的背后是我国整体经济实力与国家粮食安全保障能力的提升。粮食安全问题既是一个基本的经济问题,也是一个重大的政治问题。随着我国综合国力大幅提升、人民生活迈向全面小康,我们在应对国家粮食安全可能出现的各种风险挑战时有了坚实的后盾支持与足够的保障条件。"谷物基本自给、口粮绝对安全"是一种底线思维,它的提出不仅体现了一种大国担当的责任意识与危机意识,还蕴涵着我国几十年努力奋斗积累总结出来的经验。当前和今后一个时期,面对世界进入新的动荡变革期的复杂局面,应深刻领会新粮食安全观的历史逻辑、理论逻辑和实践逻辑,充分认识到粮食安全观中的高要求与严标准,聚力全方位夯实粮食安全根基,牢牢地把国家粮食安全的主动权掌握在自己手中。

第二编 粮食生产与粮食安全

◉ 粮食按品种、季节如何分类？

根据国家统计局粮食统计口径，粮食按品种划分为三类：一是谷物类，产量按脱粒后的原粮计算；二是豆类，产量按去除豆荚后的干豆计算；三是薯类，产量按 5 千克鲜薯折 1 千克粮食计算。2021 年，我国粮食总产量 68284.75 万吨，其中谷物产量 63275.69 万吨，占 92.66%；豆类产量 1965.52 万吨，占 2.88%；薯类产量为 3043.54 万吨，占 4.46%。2022 年，我国粮食总产量 68653 万吨，其中谷物产量 63324 万吨，占 92.24%。

在我国，粮食按季节划分为三类：一是夏粮，指上年秋、冬季和本年春季播种，夏季收获的全部粮食作物，如冬小麦、夏收春小麦、大麦、元麦、蚕豆、豌豆、夏收马铃薯等；二是早稻，指早籼稻；三是秋粮，指本年春、夏季播种，秋季收获的粮食作物，如中稻、晚稻、玉米、高粱、谷子、甘薯、大豆等。2022 年，我国夏粮产量 14740 万吨，占粮食总产量的 21.47%；早稻 2812 万吨，占 4.1%；秋粮 51100 万吨，占 74.43%。

◉ 粮食产量是如何统计出来的？

全国粮食总产量为 31 个省（区、市）夏粮、早稻和秋粮产量的总和。粮食产量统计调查采取主要品种抽样调查、小品种典型调查或全面统计相结合的方法统计，调查对象包括地块和生产经营单位。

粮食产量抽样调查由播种面积和单位面积产量抽样调查组成。我国粮食产量抽样调查以省为总体，在国家调查县（市）及部分产粮大县中进行。运用遥感影像，采取空间抽样技术在全国共抽取 1 万个样本村，每个样本村抽取 3 个面积约 60 亩的样方地块。在调查时节，由国家统计局各调查队调查人员和辅助调查员对样方地块内及其压盖的所有自然地块中开展播种面积抽样调查。各省级调查总队根据调查基础数据推算出各地区粮食播种面积。

粮食单位面积产量调查是采用实割实测方法，在国家调查县（市）抽取的面积调查地块中进行，全国共抽取5000多个样本村、近3万个自然地块，每个自然地块中再按照要求抽选3—5个10平方尺的小样方。根据《农林牧渔业统计报表制度》，在粮食作物收获前，各调查村的基层调查员对相应粮食品种种植地块逐块进行踏田估产、排队，抽选一定数量样本地块做出标记。待收获时各县级调查员或辅助调查员在抽中地块中进行放样，割取样本，再通过脱粒、晾晒、测水杂、称重、核定割拉打损失等环节，计算出地块单产。各调查总队根据地块单产推算各地区单产。

● 如何预测粮食产量？

粮食产量预测包括短、中、长期生产潜力预测和当年估产两部分，科学准确地预测粮食产量对国家粮食安全政策制定、当年贸易策略确定、粮食期货价格走势判断和国内调配方案实施具有重要现实意义。

长期以来，国内外学者对粮食产量预测进行了大量研究。国外流行的粮食产量预测方法主要有遥感技术预测模型、作物生长模拟模型、气象产量预测模型等。遥感技术预测是根据各种作物不同的光谱特性，利用卫星上的传感器接收的地面目标所反射和辐射的电磁波进行作物产量预测。作物生长模拟预测是通过监测作物生长情况预测作物产量，根据作物生长发育呈现出的特征规律，将气候因子、土壤特性和管理技术等作为参数建立模型。气象产量预测是将粮食的实际产量分离成由气象条件决定的气象产量、由农业生产水平决定的经济技术产量，然后综合考虑气候生产力和经济技术因子来估算产量。

国内学者对粮食产量的主要预测方法有适用短期预测的时间序列分析法、灰色理论分析法、神经网络模型、投入占用产出技术模型等，适用中长期预测的回归分析法（如线性回归、岭回归、Lasso回归、弹性网络回归）等，其他方法有遥感技术、气候生产力模型等，这类方法关注的是农作物的生长过程。我国粮食估产研究的代表单位是中国科学院数学与系统科学研究院，其所使用的方法为投入占用产出技术模型，提前半年预报产量，平均预测误差为2%，最大误差为5%～8%。

粮食生产系统极为复杂，粮食从播种到生产的各个环节，都易受到土地、资本、劳动力、技术、自然等因素的影响。单一的预测方法可能在粮食产量预测过程中难以综合考虑众多因素的影响，将多种模型结合，可弥补单一模型的劣势，充分发挥模型的优点，得到更加精准的预测结果，有效提高预测粮食产量的准确率。

◉ **新中国成立以来，我国的粮食总产量是如何变化发展的？**

新中国成立以来，我国粮食生产的变化发展大致经历了改革前和改革后两个阶段。

第一阶段，从新中国成立至1977年，该阶段我国粮食播种面积从16.5亿亩扩大到1977年的18.1亿亩，总产量先后跃上3000亿斤、4000亿斤和5000亿斤三个台阶，粮食单产从69公斤/亩提高到157

公斤/亩。

　　分期来看，1950—1952年的国民经济恢复时期粮食生产连年快速增长，三年年均增幅达13.1%。其原因最根本的是土地改革基本政策的确立和顺利推进，"耕者有其田"的土地改革极大地解放了农村生产力，调动了亿万农民的生产积极性。1953—1958年粮食生产一直保持了增长的势头，年度增幅呈现出两头低中间高。一方面，生产的组织方式不断变化，农村合作化运动通过初级社、高级社等形式把农民一家一户的分散经营转变为集体统一经营，并最终确立了"一大二公""政社合一"的人民公社体制；另一方面，粮食统购统销体制的确立把粮食的生产和流通纳入了计划经济的运行轨道。新中国成立以来，我国粮食总产量由1949年的1.13亿吨增加到1958年的1.98亿吨。1959—1961年，粮食连续三年大幅度减产，新中国首次出现大的农业危机。除严重自然灾害影响外，减产的一个重要原因是"大跃进"和人民公社化破坏了农村生产力，进而对粮食生产造成直接冲击。1962—1966年连续增产，粮食总产首次突破2亿吨大关。这主要得益于"调整、巩固、充实、提高"八字方针和《关于农村人民公社当前政策问题的紧急指示信》（简称"农业十二条"）的贯彻落实。1967—1969年的粮食生产出现徘徊，"文化大革命"前期一系列"左"倾错误干扰破坏了农村正常的生产秩序和农村经济政策的贯彻落实，挫伤了广大基层干部和农民群众的生产积极性。1970—1978年的粮食生产情况是：1970年粮食大幅增产579.8亿斤，这主要得益于农村形势开始趋于相对稳定。1971年继续增产，粮食总产达到25014万吨，登上5000亿斤台阶。1972年小幅减产之后是连续三年增产，1976年和1977年是处于徘徊状态。

1977年的粮食产量达到2.83亿吨（1976年产量为2.85亿吨，是改革前的最高产出水平）。

改革开放以来为第二阶段（含1978年），该阶段，我国粮食产量先后跨上6000亿斤、7000亿斤、8000亿斤、9000亿斤、1万亿斤、1.1万亿斤、1.2万亿斤、1.3万亿斤八个台阶。分期来看：

1978—1984年，粮食总产增长33.6%，粮食生产"五增一减"，1982—1984年连续三年的年增产在400亿斤以上，主要得益于：一是家庭承包经营制度的确立和推行；二是粮食统购价的大幅提高、调减征购基数及减少统购品种；三是过去多年积累的农田水利等基础设施建设的增产潜能得到充分释放；四是优良品种、先进实用技术的推广普及、化肥等农资投入的增加和农机装备水平的提高。

1985—1988年，粮食产量先是大幅下降，之后三年是"两增一减"，粮食总产在4亿吨上下徘徊。1985年粮食总产37911万吨，减产2820万吨，减幅为6.92%。这一大幅减产的主要原因是在粮食供给总量出现低水平过剩的情况下，取消粮食统购改为合同定购和市场收购相结合，政策调整取向在深化改革的同时也传递出明显的抑制生产信号。

1989—1993年，粮食总产"四增一减"，先是两年增产，接下来是一年减产，然后是两年恢复性增产。其中的1990年和1993年均创粮食总产历史新高，1993年登上9000亿斤的台阶；而1991年的减产则主要因为南方地区遭受比较严重的水灾。这一时期粮食生产的恢复发展，是在国民经济三年治理整顿（1989—1991年）的背景下实现的；而且1992年国务院出台了《关于发展高产优质高效农业的决定》，明确提出20世纪90年代的农业发展要转入高产优质并重、提高效益的新阶段。

1994—1998年，尽管粮食总产"三增两减"，但总产量在1995年就超过1993年，1996年突破5亿吨大关，1998年更是达到51230万吨。这五年可以说是政策变动剧烈和对粮食生产支持力度最大的时期：一是1994年和1996年先后两次大幅度提高粮食定购价格；二是1995年开始实行"米袋子"省长负责制；三是落实1993年颁布的《中华人民共和国农业法》和《中华人民共和国农业技术推广法》，加大了政府的支农投入。

1999—2003年，粮食总产几乎是一路下滑，这五年"四减一增"，2003年粮食总产降至43070万吨，为20世纪90年代以来的最低水平。这一时期，推进农业结构战略性调整成为国家农业政策的主导方向，粮食面积和产量的变化与上一阶段形成强烈反差。尽管这几年国家的粮食库存充裕，但年度产需缺口的不断扩大，使得遏制粮食生产下滑，尽快实现明显的恢复性增长成了当务之急。

2004年以来，我国粮食产量出现"十二连增"，由2003年的43070万吨增加至2015年的66060万吨，累计增长约53%。2007年、2010年、2012年和2015年我国粮食总产量分别迈上了1万亿斤、1.1万亿斤、1.2万亿斤、1.3万亿斤大台阶，且2015年之后一直稳定在1.3万亿斤以上，2022年达到13731亿斤。这一时期，可以说是我国粮食持续稳定发展的最好时期。自2003年下半年以来，国家陆续出台稻谷和小麦最低收购价、玉米和大豆临时收储、种粮直补、良种补贴、农资综合直补、农机具购置补贴、产粮大县奖励以及在13个粮食主产区启动优质粮食产业工程等一系列生产扶持政策，2006年全面取消了农业税。特别是党的十八大以来，在"谷物基本自给、口粮绝对安全"的国家粮食安全观引领下，我国粮食生产和粮食安全保障能力与水平稳步提升。

图 2-1　1949—2022 年我国粮食总产量

数据来源：国家统计局。

● 新中国成立以来，我国人均粮食产量是如何变化发展的？

新中国成立初期，我国人均粮食产量（不考虑粮食进出口贸易）只有 200 公斤（1949 年为人均 209 公斤）。1950 年起，随着粮食产量的快速增加，人均粮食产量也稳步提高。1952 年，人均粮食产量达到 285 公斤，比 1949 年高 36.4%。1953—1954 年，略有回落。1956 年，人均粮食产量首次突破 300 公斤；1955—1958 年基本维持在 1956 年的水平。1959—1961 年连续三年粮食大幅度减产，导致人均粮食产量明显减少，1961 年的人均粮食产量（人均 207 公斤）

低于 1949 年的水平。1962 年起，随着粮食生产的恢复，人均粮食产量稳步回升。1974 年，人均粮食产量再次回到 300 公斤的水平（303 公斤）；1975—1977 年基本维持在 300 公斤左右。总体来看，新中国成立以来至改革开放前这一时期，因人口增长较快，我国人均粮食产量从 209 公斤提高到 298 公斤，增幅不大。

农村改革以后，承包责任制激发了农民的生产积极性，在粮食产量持续大幅增长的同时，人均粮食产量也出现了明显增加。1978—1979 年，粮食连续增产，人均粮食产量先后达到 317 公斤和 341 公斤。受粮食减产影响，1980—1981 年，人均粮食产量分别下降至 324 公斤和 325 公斤。1982—1984 年，随着承包责任制的推进，我国粮食连年增产，人均粮食产量也由 349 公斤攀升至 390 公斤。1985—1988 年，粮食产量在 3.8 亿吨和 4 亿吨之间徘徊，而同期人口却保持着每年近 2000 万的快速增长，导致人均粮食产量持续下降。1988 年，人均占有量为 355 公斤，比 1984 年下降近 10%。人均粮食产量的减少，导致物价大幅上涨，1988 年物价指数达到 20.7%。1989—1996 年，粮食产量在波动中不断增长，人均粮食产量稳步回升。1996 年，粮食产量首次突破 5 亿吨大关，人均粮食产量达到 412 公斤的历史高点。1997—2003 年（1998 年除外），粮食总体呈现为减产的趋势，2003 年粮食产量仅相当于 1996 年的 85%；与此同时，人口增长率由 1% 下降至 0.6%，人均粮食产量由 412 公斤减少至 334 公斤，2003 年人均粮食产量创 22 年以来新低（1982 年算起），下降至 1981 年的水平。2004 年起，我国人均粮食产量实现"十二连增"，由 2003 年的 334 公斤升至 2015 年的 479 公斤，增幅达 43%。2016—2021 年，人均粮食产量基本上在 470 公斤左右

波动，2021年达到483.48公斤。

图2-2 1949—2021年我国人均粮食产量

数据来源：国家统计局。

● **什么是粮食综合生产能力？**

粮食综合生产能力，是指一个国家或地区在一定时期内，由当时的资源状况和经济、技术条件所决定的，各种生产要素综合投入所形成的，可以相对稳定实现一定产量的粮食产出能力。粮食生产能力是影响粮食生产的各种因素的最佳配置所形成的期望产出能力，主要包括6项内容：一是物质基础潜力，如资源禀赋、农田基础设施、生产装备等；二是资源调动和转化能力；三是科技教育水平及公共服务能力，如科研、培训、技术推广、信息服务等；四是规模经济效应，如土地适度集中、规模化生产、区域化布局、产业化经营等；五是制度绩效，如农业管理体制、农资供应、土地流转制度、农村金融制度等；六是风险控制能力，如粮食生产紧急动员机制、农业保险、灾后恢复机制、粮食储备、紧急进口等。测算粮食生产能力，主要有3种方法：一是气候生产能力测算法，理论依据是粮食生产能力取决于农作物生长所处的气候条件；二是投入产出测算法，即根据影响粮食生产的各种要素的投入状况来测算粮食的期望产量；三是时序回归测算法，即采用历年粮食产量数据的时序回归来确定粮食生产能力的趋势值。

有效保护和不断提升粮食产能是个长期性的任务，要求我们不断深化对粮食综合生产能力的基本特点和运行规律的认识与把握。归纳起来，粮食综合生产能力具有以下特点和规律：

一是粮食综合生产能力由多种要素构成，能力建设需有全面性。各种要素对粮食生产能力的形成既相互促进，又相互制约，每个要素在粮食综合生产能力建设中都不可或缺。一种要素的变化往往会制约和影响其他要素作用的发挥，并影响粮食生产，符合经济学的"短边法则"。提高粮食综合生产能力不能畸轻畸重，必须全面加强建设。

二是粮食综合生产能力和实际产出水平存在一定的差距，能力建设需有超前性。粮食综合生产能力既表现为一定的粮食产量，又包含了一定的粮食增产潜能。当各种要素同时充分发挥作用时，粮食产量接近粮食生产能力；当各种要素不能同时充分发挥作用时，当期粮食产量往往低于粮食生产能力。要确保一定的产出，就必须超前建设，使能力明显高于要达到的产出水平。

三是粮食综合生产能力是动态变化的，能力建设需有稳定性。一个时期粮食产量的波动往往与能力的不稳定有关，当粮食生产能力达到一定水平时，如果不注意保护，很容易出现下滑的局面，导致粮食产量大起大落。粮食生产能力易降不易升，特别是在全面放开粮食市场的条件下，能力建设面临更多的不确定性。要实现粮食的稳定增产，就必须大力保护粮食综合生产能力，稳定建设粮食综合生产能力。

四是粮食综合生产能力的提高是长期积累的结果，能力建设需有持续性。提高粮食综合生产能力是一个缓慢的过程，从一个台阶上升到更高的台阶需要几年、十几年甚至更长的时间。水平越高，再上新台阶的难度就越大。只有各种要素不断地积累，才能取得整体突破。提高粮食综合生产能力必须持之以恒，不能松懈和停顿。

在确保国家粮食产能上，必须努力做到粮食综合生产能力建设保护与提高并重，只有"能力提高"与"能力保护"两手抓、两手都要硬，才能将稳定和增加粮食综合生产能力真正落到实处，进而也才会夯实国家粮食安全的坚实基础。

● **如何保护和提高粮食综合生产能力？**

水、土资源是影响粮食安全的两大刚性约束，对其进行合理开发利用、提高利用效率，成为保障国家粮食安全的关键要素。所以保护粮食综合生产能力，一要实行严格的耕地保护制度，特别是加强基本农田保护；二要保护好水源，建设旱涝保收高标准农田，增强农业抗灾防灾能力。提高粮食综合生产能力，一要通过农田整理和土壤改良，加大中低产田改造力度，挖掘农地生产潜力，提高单产水平；二要加强农田水利等农业基础设施投入，改善农村水利条件，增加农田灌溉比例，提高粮食生产用水效率；三要增加国家对种子的基础研究和应用研究的投入，加强小麦、玉米、水稻等主要农作物育种科技攻关，加快选育开发产量高、抗灾强的粮食新品种。

增进粮食生产效益，一要提高粮食生产经营的组织化程度，推进耕地流转，实现规模化生产；二要通过发展家庭农场、专业大户实现粮食的规模生产，鼓励企业与民间资金投资粮食生产，提高粮食生产的效率；三要提高农业耕作机械化、信息化、水利化、良种化水平，加大力度培育新型农民，提高农业生产的科技进步率；四要逐步提高财政对种粮农户的补贴水平，通过财政转移支付平衡产区与销区的利益分配；五要扩大农业保险覆盖面，提高保险水平，降低农业生产风险。

● 我国粮食生产在空间上是如何分布的？

粮食生产与自然资源条件密切相关，我国按照综合农业区划原则确定了九大农区：东北区、内蒙古及长城沿线区、黄淮海区、黄土高原区、长江中下游区、西南区、华南区、甘新区、青藏区。我国主要粮食作物包括稻谷、小麦、玉米和大豆等，不同的粮食作物呈现明显不同的区域化趋势。

我国水稻主要分为籼稻和粳稻两大类栽培稻。籼稻是适宜于低纬度、低海拔湿热地区种植的栽培稻亚种。其中，早籼稻主要分布于福建、广东、湖南等东南部省区，中晚籼稻主要集中于长江中下游和黄河中下游的省份，主要有湖南、湖北、江西、浙江、江苏、安徽和河南等。而粳稻多分布于三大片区，即以黑龙江为核心的北方粳稻区、以江苏为核心的南方粳稻区和以云南为核心的云贵高原粳稻区。粳稻生长期长，比较耐寒，是中纬度和较高海拔地区发展形成的稻谷亚种。

我国小麦分布极广，全国各省区都有小麦种植，主要生产集中在黄淮平原和长江中下游地区。根据自然条件、耕作制度、小麦品种类型、播种期及成熟期的早迟等生产特点，小麦产区可分为冬麦区、春麦区两大类型。

我国是世界玉米主要生产国之一，播种面积仅次于美国。我国玉米生产集中在从东北斜向西南的狭长地带。根据地理位置、自然条件与耕作制度，可将我国玉米产区分为北方春播玉米区、黄淮海平原夏播玉米区、西南山林玉米区、南方丘陵玉米区、西北灌溉玉米区和青藏高原玉米区6个产区。

我国大豆栽培面积大、分布广，东北地区和华北平原是大豆主产区。其中，东北地区主要包括黑龙江、吉林、辽宁及内蒙古的"三市一盟"，该地区大豆播种面积和产量约占全国的60%，是保障国产大豆供给安全的"压舱石"；华北平原主要包括河北、山西等。

● **粮食主产区和主销区是如何划分的？**

2001年，我国施行粮食流通体制改革，依据各个省份粮食生产和消费的总体特征，综合考虑资源禀赋的差异和粮食生产的历史传统等，将31个省（区、市）划分为粮食主产区、主销区和产销平衡区。其中：粮食主产区有13个省份，包括黑龙江、吉林、辽宁、内蒙古、河北、河南、山东、江苏、安徽、江西、湖北、湖南和四川；产销平衡区有11个省份，包括山西、宁夏、青海、甘肃、西藏、云南、贵州、重庆、广西、陕西和新疆；主销区有7个省份，包括北京、天津、上海、浙江、福建、广东和海南。

21世纪以来，主销区以工业化、城市化为主导，不再承担粮食生产的具体任务，这造成了主销区的耕地数量和粮食产量出现快速下滑，主销区粮食产量和需求量缺口较大。比如，2021年，广东省粮食总产量达1279.9万吨，而其总人口超1.2亿，人均粮食产量不足100公斤；福建省粮食年产量约500万吨，但粮食总消费量超过2100万吨，产销缺口达1600多万吨，粮食自给率仅为23%左右。而与此同时，随着城镇化、工业化的发展，粮食主产区的生产潜力和生产能力也面临着新的危机。在主产区中，产销盈余超过200亿斤的只有黑龙江、河南、吉林、内蒙古、安徽5省（区）；湖北、河北、江苏有少量产销盈余，但均不超过100亿斤；四川、山东产销缺口较大。能成规模调出粮食（净调出百亿斤规模及以上）的省份现已减少到7个。

粮食主产区是中国商品粮生产的核心区域，对确保国家主要农产品有效供给具有决定性作用。一旦粮食主产区出现问题，就会直接危及国家的粮食安全和社会稳定。目前，我国粮食主产区发展主要面临着经济利益流失、区域经济发展滞后、粮食流通体系不顺畅、土地经营规模狭小、粮农种粮行为短期化等问题。

按照2022年中央一号文件的部署，今后，主产区、主销区、产销平衡区都要保面积、保产量，不断提高主产区粮食综合生产能力，切实稳定和提高主销区粮食自给率，确保产销平衡区粮食基本自给。此外，主产区对全国粮食安全作出了巨大贡献，但其经济发展水平总体落后于主销区，2023年中央一号文件再次提出要健全主产区利益补偿机制，增加产粮大县奖励资金规模。

● 改革开放以来，我国的粮食生产格局是如何演变的？

改革开放以来，我国粮食生产出现两个趋势，一是南方粮食增产重心逐渐西进，二是全国粮食增长中心逐渐北上。换句话说，即粮食生产重心呈现出由南方向北方，以及由东部向中部推移的趋势。生产重心变动的轨迹是沿着"东北—西南"方向往复推进，"趋向西南"向"趋向东北"转移，以及由"中心"（湖北、湖南、四川）向"边缘"（东北、西部）转移的特征。

分区域看，一是北方粮食产量比重上升，南方比重下降；二是东部粮食产量比重下降明显，西部略有下降，中部比重提高较快；三是东北和华北粮食产量比重上升明显，华东、华南、西南比重明显下降，华中、西北比重变化较小；四是黑龙江、辽宁、河南、吉林、内蒙古等地生产集中度上升明显，而广东、浙江、江苏、四川等地下降明显。

分品种看，粮食生产格局变化的总体特征：一是南方稻谷优势区域维持稳定，东北稻谷重要性凸显；二是小麦产区逐渐向中部地区集中；三是玉米产区逐渐向东北和中原地区集中。2021年，稻谷主产省的前5名分别是黑龙江、湖南、江西、江苏和湖北，5省稻谷总产量为11539.02万吨，占当年全国稻谷总产量（21284.24万吨）的54.21%；小麦主产省的前5名分别是河南、山东、安徽、河北和江苏，5省小麦总产量为10950.55万吨，占当年全国小麦总产量（13694.45万吨）的79.96%；玉米主产省的前5名分别是黑龙江、吉林、内蒙古、山东和河北，5省玉米总产量为14998.21万吨，占当年全国玉米总产量（27255.06万吨）的55.03%。生产布局的变化，带来了粮食品种结构的不断优化。其中，玉米占粮食总产量的比重由 1978 年的 18% 提高到 2021 年的 40%，保证了饲料及加工用粮的需要；小麦的比重由 18% 提高到 20%；稻谷的比重虽然由 45% 减至 31%，但早籼稻减少，粳稻增加，适应了口粮需求变化。

● 如何看待"南粮北调"变为"北粮南运"的格局？

历史上，我国南方一些省份由于粮食丰产，被赋予"湖广熟，天下足""天府之国""鱼米之乡"等美誉，南方很长时间都是粮食主产区。大约在 20 世纪 90 年代初，南北方产粮比例开始发生变化，到 21 世纪初，北方完全超越了南方，"南粮北调"的格局告终。

"南粮北调"变为"北粮南运"是自然规律、经济规律和科学技术进步三方面的因素综合作用下，粮食生产力演变的结果。首先从自然规律上说，过去，农业靠天吃饭，气候是决定生产力的最主要因素。雨水多、温度条件好的南方地区，自然就成为粮食的主要产区。随着科技的进步，以及农田和水利基础设施不断建设完善，北方适合作物生殖生长（即籽粒产量和质量形成）的气候资源优势得以发挥，同时北方丰富的耕地资源占有优势，因此，无论从数量和质量上来说，北方产粮的优势愈发凸显。从经济规律出发，改革开放以来，南方市场经济发展较快，由于种粮比较效益低，资本更多投入效益更高的经济作物或者其他具有比较优势的行业。在经济规律的作用下，南方粮食产量也相应减少。

此外，对于粮食主产区土地资源过度开发带来的生态隐患，要顺应规律，同时也要积极主动作为。从整个粮食生产力布局来讲，要稳定北方的粮食产能、恢复南方的一部分产能、拓展西部地区的产能。南方的耕地多丘陵坡地且地块小，所以发展粮食生产就要先进行土地整治,再种粮;利用先进科技手段来提高南方粮食品质,从而形成优势。另外,我国后备耕地基本集中在西部地区,因此拓展西部地区产能,可挑选一些相对而言容易开发、改造难度不太高的土地来进行改造。

● 如何看待土地利用的阶段性?

土地利用通过改变陆地表面形态和土地利用强度,对全球的粮食安全和生态安全产生重要影响。在经济发展过程中,农户对土地的利用会存在"物质生存型""物质生产和利润优化型""利润最大化""景观效用最大化"四个阶段。在"物质生存型"阶段,农户土地利用主要是为了满足家庭物质消费需求,土地利用集约化程度低,粮食安全水平低,农业用地的多功能得到发挥。在"物质生产和利润优化型"阶段,农户土地利用集约化程度提高,农业用地的生产功能不断得到强化,农业用地的其他功能不断弱化,此时的粮食生产接近耕地的技术生产水平。在"利润最大化"阶段,农户土地利用转型为以效益为核心,耕地粮食生产水平与耕地的技术生产水平差异巨大,但是耕地的生产潜力最大,通过土地产权制度创新,可以实现耕地的生产功能强化,而耕地的其他功能弱化。在"景观效用最大化"阶段,农户土地利用目标以发挥农业用地的多功能为主,而弱化了其生产功能。在实践中,要根据农户土地利用的阶段性特征制定相应的政策。这样做,既可以保障粮食安全,又可以保障生态安全。

农业自然灾害对粮食生产有何影响？

农业自然灾害是指对农作物生长起破坏作用从而导致农作物减产的自然灾害。在我国五千年的农耕文化史中，农业生产遭受了各种各样自然灾害的侵袭，主要有干旱、洪涝、地质灾害、风雹灾、低温冷冻等和农作物病、虫、草、鼠等灾害。我国独特的地理环境和经济环境，使我国农业自然灾害具有以下特点：一是灾种的广泛性和集中性；二是灾情的季节性和地域性；三是灾害具有群发性和伴发性；四是灾害的空间分布、地域组合与社会经济环境的区域差异有很强的相关性；五是自然因素与人为因素交织；六是灾害加重与防灾能力减弱形成反差。

农业自然灾害风险研究是农业灾害关注的热点。麻吉亮等通过文献梳理，发现我国近几年气象灾害成灾率总体呈下降趋势，而生物灾害呈加重趋势，且存在明显的区域差异性；气象和生物灾害对粮食安全构成严重威胁。庙成等从农作物受灾率、成灾率和绝收率角度，分析了2010—2020年中国农业自然灾害损失的时空分布情况。该期间，我国农作物受灾率总体呈下降趋势，成灾率先波动上升至2015年达最高值后又波动下降，绝收率总体呈上升趋势。其中，农作物年均受灾率和成灾率最大的地区均是华北和西北地区，华南地区则是农作物年均成灾率和绝收率最小的地区。（相比正常年份平均产量，减产10%称为受灾，减产30%称为成灾，减产70%以上称为绝收；分别计算受灾面积、成灾面积和绝收面积与农作物播种面积的比值，得出受灾率、成灾率和绝收率。）

2020年2月，习近平总书记对全国春季农业生产工作作出重要指示，明确提出要增强粮食生产能力和防灾减灾能力，要做好重大病虫害和动物疫病的防控。近年来，我国在农业防灾抗灾减灾方面的措施主要包括构建减灾防灾体系、建立应急应对管理制度、探索农业灾害保险、加强抗灾减灾的基础设施建设以及加强灾害防控科技支撑等。此外，防灾抗灾要从根源上消除自然灾害对粮食生产的影响，还需要加强生态环境保护，恢复生态环境，比如退耕还林还牧、发展林草、增加植被、建设农田保护屏障、加强对荒山沟坡的治理等。

◉ 我国农业保险的发展历程是怎样的？

农业保险作为推动我国农业现代化发展的重要支柱，其在农业生产中的作用及对农业政策的支持日益受到重视。我国自20世纪30年代引入农业保险以来，经过90多年的曲折发展，取得了举世瞩目的成就。回顾我国农业保险的发展历程，具体可分为以下六个阶段。

（一）农业保险试办阶段（20世纪30年代至1949年10月前）

20世纪30年代开始，我国农业保险由理论研究转入实践层面。1934年，金陵大学农学院在安徽开办了乌江耕牛会和耕牛保险，由此开启了我国农业保险的试验。之后10多年时间里，在江西临川、重庆北碚和四川等地也开展了一些农业保险试验。但由于民国政府对适合国情农情的保险制度和模式重视程度不够，缺乏必要的财政支持和实操经验，官僚资本和民族资本也没有动力将资金投入到高风险的农业保险之中，当时试验发展规模较为有限，难以持续下去，均在维持较短时间后以失败而告终。这些实践尽管在我国农业保险发展史上"昙花一现"，却开创了国内探索农业保险的先河。

（二）起步发展阶段（20 世纪 50 年代）

新中国成立以后，中国政府开始兴办农业保险，以此来支持农业发展。1949 年中国人民保险公司（下简称"中国人保"）成立，开始试办农业保险，在试点地区开办了牲畜保险和棉花保险。但在"大跃进"和人民公社化运动时期，1958 年全国财贸工作会议提出，保险工作在人民公社化后已经失去作用，国内保险业务应立即停办。同年召开的全国财政会议正式决定"立即停办国内保险业务"，自此我国农业保险进入了长达 20 年的停办期。在起步发展阶段，我国农业保险已初具规模，农民对农业保险有了一定程度的了解，政府对农业保险的参与主要体现在组织农业保险的展开和强制农民参加保险两个方面。

（三）恢复试办阶段（1978—1992 年）

1978 年 12 月，党的十一届三中全会召开，标志着我国迈入改革开放阶段，农村主要经营方式变为家庭联产承包责任制，农户要独立面对包括自然风险与市场风险在内的农业风险。1979 年，全国保险工作会议召开，国务院批准恢复发展农业保险。1982 年，中国人保开始恢复试办农业保险，但由于对农业保险的特殊性和复杂性认识不足，只是简单照搬商业性保险经营模式。1982—1986 年，农业保险业务由中国人保垄断经营，但农业保险的高风险决定了农业保险的高费率，农业保险的高费率又使得农民难以承受，而承保经营机构的高风险也无法有效分散，致使中国人保缺乏发展农业保险业务的积极性，农业保险发展速度较慢。1987 年，中央五号文件提出有条件的地方可试办合作保险，为中国人保农业保险改革奠定基础。1989 年后，中国人保将农业保险从公司商业化经营向"政府组织推动、农民互助共济、保险公司经办"方向转变，以扭转我国农业保险商业化经营发展困境。1991年，《中共中央关于进一步加强农业和农村工作的决定》中提出要积极发展农村保险事业，扩大险种范围。在各级政府推动下，农业保险经营主体不断扩大，农业保险产品不断丰富。

（四）停滞萎缩阶段（1993—2003年）

20世纪90年代初市场经济体制逐步建立，中国人保开始转向商业化，农业保险经营进入商业化运营模式。1993年起，国有企业市场化改革，财政部开始考核中国人保利税指标。1994年，保险公司全面商业化转轨，将内部助推农业保险发展的"抽肥补瘦"机制叫停。但由于完全套用商业化保险运行模式，农业保险的政策导向和商业保险公司的营利性目标严重失调，遭遇"市场失灵"，陷入"战略性收缩"困境。整个农业保险保费收入骤减、规模急剧萎缩。2000年后，中国人保财产保险股份有限公司开始大范围停办农险业务并撤销各级农业保险相关机构，农业保险陷入困境。相较于1992年8.17亿元保费收入，2003年全国农业保险保费收入降至5亿元，表明当时农业保险产品已无法满足农户现实保险需求。建立政策性农业保险制度是农业保险发展的必由之路，已经势在必行。

（五）稳步发展阶段（2004—2013年）

2003年，党的十六届三中全会通过《中共中央关于完善社会主义市场经济体制若干问题的决定》，提出要探索建立政策性农业保险制度。2004年中央一号文件提出，要加快建立政策性农业保险制度，选择部分产品和部分地区率先试点，有条件的地方可对参加种养业保险的农户给予一定的保费补贴。同年，原保监会在上海、江苏、黑龙江等9省市启动农业保险改革试点，我国农业保险开始由商业性保险向政策性保险过渡。2006年，国务院印发《关于保险业改革发展的若干意见》，强调"明确政策性农业保险的业务范围，并给予政策支持，促进我国农业保险的发展"，并首次提出"探索建立中央、地方财政支持的农业再保险体系"。2007年，中央财政启动农业保险保费补贴试点，开展区域包括吉林、内蒙古、新疆等6省（区），补贴品种包括玉米、水稻、大豆、棉花、小麦和能繁母猪，当年补贴资金为21.5亿元。此外，2004—2013年连续10年的中央一号文件都强调要发展政策性农业保险，并逐步加大政策补贴扶持力度，力求推动农业保险健康稳定发展，我国农业保险由此进入快速发展阶段。

（六）全面推行与创新发展阶段（2013年至今）

党的十八大以来，我国加大农业保险支持力度，积极谋划推动一批重大改革试点落地生根、开花结果，先后制定出台一系列政策举措和法律法规，推动由"政策储备"加快走向"田间地头"。2013年3月，我国《农业保险条例》正式实施，标志农业保险试验阶段彻底结束，政策性农业保险开始在全国全面实施的新转折，明确了农业保险发展的"政策性"定性和"国家支持的保险制度"定位。2016年财政部印发《中央财政农业保险保费补贴管理办法》，分区域分品种给予30%~90%不等的保费补贴，对稻谷、小麦、玉米保险凡投必补。随后在2017—2019年，中央财政支持粮食主产省开展农业大灾保险试点、三大粮食作物完全成本保险和收入保险试点、对地方优势特色农产品保险以奖代补试点。但试点政策仅面向适度规模经营主体，保障水平仍然较为有限，总体上属于过渡性安排。

2020年下半年，中国农业再保险公司正式创立并开业运营，标志着农业保险高质量发展迈出更加坚实有力的步伐。2021年6月，财政部、农业农村部、银保监会联合印发《关于扩大三大粮食作物完全成本保险和种植收入保险实施范围的通知》，明确对稻谷、小麦、玉米三大粮食作物实行完全成本保险以及种植收入保险，2021年纳入补贴范围的实施县数不超过省内产粮大县总数的60%，2022年实现实施地区产粮大县全覆盖。农业大灾保险逐步完成试点任务后随之取消，相应由更高保障水平、更广覆盖范围的完全成本保险或种植收入保险替代。

经过多年实践，我国农业保险已经成为国家强农惠农富农政策的重要内容、农业支持保护的重要手段和农业现代化的重要支柱，形成了"政府引导、市场运作、自主自愿、协同推进"的农业保险发展模式，进入了由快速发展迈向高质量发展、由农业保险大国向农业保险强国的新发展历史时期。

● 土地流转对粮食生产有何影响？

粮食要安全，先要藏粮于地，耕地是粮食生产的"命根子"。目前，我国粮食安全面临的最大问题来源于土地抛荒导致的耕地利用不足，土地流转对于粮食生产的影响主要在于优化了土地的资源配置。在农村劳动力净流出增大的背景下，土地承包权流转受限会导致耕地抛荒和粗放化耕作等问题。允许土地承包权的转让可以让外出务工农民将土地承包权转让给种植大户、农民合作社等新型农业经营主体，以推动农业生产的规模化经营，避免耕地的抛荒与粗放化耕作，提高粮食产量。李卓等研究表明土地流转政策显著提升了人均粮食产量，保障了粮食安全，且该政策效果在降水量多的地区样本中更加显著；人均播种面积是土地流转政策影响粮食生产和安全的重要渠道。

土地流转是对土地要素的一种再分配，主要通过影响粮食产量来保证粮食安全。土地流转可以提高农业的市场化和机械化，从而提高农业生产效率，促进人均粮食产量的提高。土地流转使得种粮大户可以耕作大片土地，并且摆脱了自给自足的小农模式，使其收入与市场联系更加密切；同时，耕作大片土地使得农业机械化的平均成本大幅度降低，农业的现代化和规模效应推动人均粮食产量的提高。但在土地流转过程中，发现在种粮效率、政策制定和市场监管等方面存在诸多问题，土地流转"非粮化"倾向明显，直接影响着我国的粮食种植和粮食安全。

我国农地流转"非粮化"现象主要是由于种粮生产成本高、经济收益低，转入方追求利益最大化。2020年，国务院办公厅发布《关于防止耕地"非粮化"稳定粮食生产的意见》，提出要坚持问题导向，坚决防止耕地"非粮化"倾向，具体包括明确耕地利用优先序、加强粮食生产功能区监管、稳定非主产区粮食种植面积、有序引导工商资本下乡、严禁违规占用永久基本农田种树挖塘。

⬤ 如何加快培育新型农业经营主体？

随着我国工业化和城镇化的推进，农村大量劳动力转移到外地或者非农产业，农业劳动力老龄化问题凸显，直接引发三方面问题：一是农业生产效率低下；二是传统精耕细作的生产方式逐渐粗放化；三是农民总体年龄偏高、知识水平有限，农业生产新技术、新设备推广难，难以承担未来农业现代化重任。在坚持家庭承包经营基础上，培育从事农业生产和服务的新型农业经营主体是关系我国农业现代化的重大战略。

2014年1月，农业部在《关于切实抓好粮食生产保障国家粮食安全的通知》中提出，要加强对新型经营主体的示范引导，推动出台市场准入、税费减免、资金支持、人才引进等扶持政策，发展适度规模经营。2017年、2019年，中共中央办公厅、国务院办公厅分别印发《关于加快构建政策体系培育新型农业经营主体的意见》《关于促进小农户和现代农业发展有机衔接的意见》。2017年的《意见》重在部署发挥政策对新型农业经营主体的引领作用，2019年的《意见》重在谋划促进小农户与现代农业发展有机衔接。但两份文件的核心内容都是加快培育新型农业经营主体，加快形成以农户家庭经营为基础、合作与联合为纽带、社会化服务为支撑的立体式复合型现代农业经营体系，加快实现小农户与现代农业发展有机衔接，积极稳妥地推进多种形式的农业适度规模经营。2022年，农业农村部印发《关于实施新型农业经营主体提升行动的通知》，明确提出"十四五"期间的发展目标，主要涉及健全管理服务制度、创建一批示范社及示范家庭农场、构建县乡基层指导服务体系等方面，力争基本形成以家庭经营为基础、新型农业经营主体为依托、社会化服务为支撑的现代农业经营体系，促进小农户和现代农业发展有机衔接。

培养造就新型职业农民队伍，是解决"谁来种地"问题的基础性、战略性工作。要加大农业职业教育和技术培训力度，积极推进新型职业农民培育和农村实用人才培养，鼓励支持大、中专院校特别是农业院校毕业生到农村经营农业。同时，改善农业生产条件和装备水平，完善农业支持政策，提高农业效益，让农业成为有奔头的产业，让农民成为体面的职业。近些年，专业大户、家庭农场、农民合作社、农业产业化龙头企业等新型农业经营主体快速发展，成为建设现代农业的新生力量。

● 影响我国粮食生产的制约因素有哪些？

目前及今后一个阶段，我国粮食生产面临的制约因素突出表现在工业化、城镇化步伐加快，农业劳动力大量转移，受到从事粮食生产的资源环境制约，科技投入约束对粮食生产十分不利。

（一）粮食生产的资源环境制约

耕地资源制约。从耕地数量上看，我国耕地总面积排在世界第三位，但人均耕地面积却不到世界人均水平的 1/3，包括大豆在内的粮食进口格局在某种程度上也反映出我国耕地资源的总量不足。在东部地区尤其是东部沿海省份，人口多而耕地少，但在西部地区则是人口少而耕地多，反映出我国耕地资源分布与人口分布不相匹配。从耕地质量上看，我国耕地受干旱、洪涝、盐碱、陡坡等多种因素的影响，中低产田所占比重约 2/3，以及黑土区耕地出现长期透支，肥沃的黑土变得越来越"瘦"、越来越"薄"、越来越"硬"。耕地质量整体不高，对粮食单产提升造成了很大压力。

淡水资源制约。我国是一个干旱缺水严重的国家，淡水资源总量居世界第四位，但人均占有量仅为世界平均水平的 1/4，被联合国列为 13 个贫水国家之一。我国粮食生产对灌溉的依赖程度非常高，灌溉耕地大约贡献了全国 70% 的粮食产量，但时空分布的不均衡又进一步加剧了水资源对粮食生产的约束。年内降水主要集中在 6—9

月，春耕和秋冬种期间用水矛盾突出；水土资源匹配不佳，淮河以北地区耕地面积约占全国的 2/3，水资源量不足全国的 1/5。此外，局部地区的水资源过度开发利用问题也需要引起高度重视。

生态环境制约。我国是水旱灾害频繁的国家，受季风气候影响，降水年际变化大，加上近年来温室效应，气候变暖，导致极端性天气增加。同时，极端性天气引发气候事件增多，粮食生产将面临大旱、大涝、大冷、大暖的气候影响，旱涝灾害发生的概率增加，由此带来的农业病虫害影响将加大。此外，化肥、农药、农膜等长期大量使用以及农资包装废弃物数量激增，都会引起土壤板结、结构破坏、养分失调，导致地力下降，进而造成粮食品质下降和破坏农业生态系统。

（二）其他因素约束

科技创新约束。农业科技创新是我国保障粮食安全的基础和推动力。我国持续推进农业科技进步，全国农业科技进步贡献率从 2012 年的 54.5% 提高到 2022 年的 62.4%，但发达经济体的农业科技贡献率通常在 80% 左右，意味着我国农业科技创新还有较大发展空间。目前，我国农业科技成果转化率只有 30% 到 40%，仅为欧美发达国家的一半，说明我国较多的农业科技成果没有转化为实际生产力，科技创新的供需不匹配。

要素投入约束。现代要素投入对农业发展尤其是粮食增产的作用巨大，但仍呈现出边际报酬递减规律。受农业基础设施薄弱、投资周期长回报低、经营风险大等因素制约，先进技术装备走入农业表现为辐射慢、渗透慢、转移慢，大马力、高质量装备主要依靠国外进口，农药化肥种子缺乏自主创新，先进适用、绿色环保、节本增效的技术研发应用不够。在加快推进农业农村现代化的背景下，现代要素投入不足问题将日益凸显，这无疑会增加持续提升粮食综合生产能力的难度。

成本收益约束。近年来，随着农资价格上涨、人工费用增加，粮食生产成本呈逐步上升的趋势，而粮食价格涨幅低于成本增幅，种粮比较效益长期偏低。尽管粮食补贴规模不断增加，但总体上未能弥补成本快速上升导致的利润下降，再加上种粮面临的高自然风险以及农民外出务工的收入越来越高，农民种粮积极性有所下降。一些地区已出现粮食生产口粮化、兼业化势头，影响未来粮食增产潜力发挥。

◉ 如何看待未来时期我国的粮食生产形势？

尽管当前粮食生产面临着一些制约因素，但从长远看，未来我国粮食增产仍有潜力。一方面，与发达国家相比我国现有粮食单产水平还有不小差距；另一方面，即使在国内同一种植区内的同一作物，省与省之间的粮食单产也存在较大差距。未来时期，通过加大投入，改善农业生产条件，增强科技支撑能力，实现粮食增产目标是可能的。

一要不断优化政策环境。党中央、国务院坚持把确保国家粮食安全放在经济工作的重中之重的位置，把发展粮食生产放在现代农业建设的首位，地方各级政府要认真落实中央的各项强农惠农政策，不断加大对粮食生产的支持和保护力度。二要完善农业水利设施。持续推进大中型灌区续建配套与节水改造，增加有效灌溉面积；引入社会资本和市场主体，推广专业化、市场化农田水利设施管护模式；推广高效农田灌溉智能管理系统，提高水资源利用效率。三要提升耕地地力。大力实施高标准农田建设工程，统筹发展高效节水灌溉，加快补齐农田基础设施短板。截至2022年底，全国已累计建成10亿亩高标准农田，2023年我国将继续加强高标准农田建设，新建4500万亩、改造提升3500万亩。同时提升耕地质量，加强黑土地保护利用。四要加强农业科技推广。通过大力推行科技特派员制度和高素质农民培育计划，推进农机研发制造推广应用一体化试点工作，创建农作物全程机械化示范县，加大先进适用、智能化、复合型农机推广力度。五要完善社会化服务体系。通过完善支持政策、搭建平台载体、推进试点示范等一系列举措，加快健全农业社会化服务体系。如发展农村电商，建立健全适应农产品网络销售的供应链体系、运营服务体系和支撑保障体系，帮助解决农产品"卖难"问题，实现优质优价带动农民增收。六要加大防灾减灾救灾力度。减损就是增产，加强与气象、水利、应急等部门沟通会商，切实做好监测预警、应急处置、灾情防控、灾后技术指导等工作，保障抗灾夺丰产。

第三编

国内市场与粮食安全

● 新中国成立以来，我国粮食价格政策是如何演变的？

新中国成立以来，我国粮食价格政策经历了由紧到松、由计划管制到市场调节的发展历程。总体来看，整个演变过程大致可划分为自由价格政策、统购统销价格政策、双轨制粮食价格政策及最低收购价政策等阶段。

粮食自由价格政策（自新中国成立至 1953 年土地改革前）。实行自由购销的粮食价格政策，中央政府进行目标控制。之所以实施这样的粮食价格政策，主要是当时国家百废待兴，农业生产还处于恢复阶段，中国大多数老百姓还面临饥饿的威胁，虽然政府对粮食价格非常重视，但事实上没有能力对粮食价格进行干预。

粮食统购统销价格政策（1953—1985 年）。1953 年 10 月，中共中央公布了《关于粮食统购统销的决议》《关于实行粮食的计划收购与计划供应的决议》。从当年 12 月初开始，全国城乡逐步实行粮食统购统销，核心就是计划收购、计划供应。统购统销的粮食价格政策对于完成粮食征购计划、缓和粮食产需矛盾起到了极为重要的作用。但是，统购统销政策违背了商品经济规律，严重影响了农民的种粮积极性，使我国的粮食供应长期处于紧张状态。改革开放后直到 1985 年，统购统销政策才逐渐取消。

双轨制粮食价格政策（1985—2001 年）。第一种双轨制是粮食价格政策改革初期的合同定购价和议购议销价双轨制，1985 年政府决定取消粮食统购改为合同定购，定购以外的粮食允许自由购销，这一做法大约延续到 1992 年。第二种双轨制是保护价和市场价并存的双轨制（1993—2003 年），这与"摸着石头过河"的改革背景密切相关，中央政府一直在保护农民利益与放开粮食价格之间寻求平衡，既要不断推进粮食价格的放开，又要防止因粮食价格过快上涨造成严重通货膨胀，还要防止粮食价格下跌损害农民利益。正因为如此，这一时期中国粮食价格政策具有较大的波动性。

最低收购价政策（2004年至今）。为兼顾提高粮食生产能力和农民增收，全面放开粮食市场，2004年和2006年我国分别对水稻和小麦实行了最低收购价政策，2008年对大豆和玉米等实施了"临时收储政策"。2014年试行"目标价格制度"；2016年取消玉米临时收储政策，建立玉米生产者补贴制度；2017年将大豆目标价格补贴政策调整为大豆生产者补贴政策，遵循"坚持市场主导，政府引导"，建立了更为完善的国家宏观调控的市场化粮食价格制度。

● **为什么我国在1953年要实行粮食统购统销？**

1953年春，山东、山西、江苏、河南、安徽等地的小麦遭受霜灾。私营粮商乘机囤积粮食并哄抬粮价，引发城乡居民抢购粮食的风潮。当时，市场粮价远高于国家牌价，而且国家在粮食产区也收购不到所需的粮食，粮食部门购销逆差急剧扩大。6月30日，国家粮食库存由上年同期的145亿斤减为105亿斤，下降了近30%。中央于1953年10月作出了《关于实行粮食的计划收购与计划供应的决议》（下简称《决议》），政务院于11月发布《关于实行粮食的计划收购和计划供应的命令》（下简称《命令》），并从12月起在全国范围内贯彻实施粮食的计划收购与计划供应（简称"统购统销"）。

政策出台的背景是粮食危机。《决议》称，由于粮食自由市场的存在和粮食投机商人的捣乱，使农村中的余粮户贮存观望，等待高价，不愿迅速出卖粮食，反映到供销上面，则是国家粮食收购计划不能按期完成，粮食销售数量却远远超出计划，造成供销不平衡，市场紧张。在粮食危机面前，中央亟须找到一种治本之策。《决议》指出，现在在供销方面所表现的紧张性，其本质是反映了国家计划经济与小农经济和自由市场之间的矛盾，反映了工人阶级领导与农民自发势力和资产阶级反限制的立场之间的矛盾，归根结底，是反映了社会主义因素与资本主义因素之间的矛盾。所以粮食问题不是采取枝节的办法所能解决的，而从根本上找出办法，来解决这个极其严重的问题，就成为全党当前极端迫切的任务。

政策内容的核心是统购统销。为应对危机，《决议》提出了4项措施：（1）在农村向余粮户实行粮食计划收购（简称"统购"）。政务院的《命令》规定："生产粮食的农民应按国家规定的收购粮种、收购价格和计划收购的分配数量将余粮售给国家。"按此规定，国家在农村统购粮食的对象是农村生产粮食的余粮户，所要统购的是余粮户的余粮。所谓余粮户，就是留足其全家口粮、种子、饲料和缴纳农业税外还有多余粮食的农户。对余粮户的余粮，一般统购80%～90%。（2）对城市人民和农村缺粮人民实行粮食计划供应（简称"统销"），亦即实行适量的粮食定量配售的政策。按政务院《命令》的规定，粮食统销不仅要保障包括县以上城市，而且包括集镇、缺粮的经济作物产区、农村人口中大约十分之一左右的缺粮户和灾区灾民的粮食供应。按照这个范围，国家在城乡保证供应粮食的人口总数接近两亿，超过当时全国总人口的三分之一。（3）实行由国家严格控制粮食市场，严禁私商自由经营粮食。按照政务院的《命令》规定，一切有关粮食经营和粮食加工的国营、地方国营、公私合营、合作社经营的粮店和工厂，统一归当地粮食部门领导；所有私营粮商一律不许私自经营粮食，但得在国家严格监督和管理下，由国家粮食部门委托代理销售粮食；所有私营粮食加工厂及经营性的土碾、土磨，一律不得自购原料，自销产品，只能由国家粮食部门委托加工或在国家监督和管理下，代消费户按照国家规定的加工标准从事加工。（4）实行在中央统一管理之下，由中央与地方分工负责的粮食管理。中央为保证粮食的计划收购和计划供应的实施，实行了"统一管理，统一指挥和调度"的粮食管理体制。在《决议》中规定，所有方针政策的确定，所有收购量和供应量，收购标准和供应标准，收购价格和供应价格等，都必须由中央统一规定或经中央批准，地方则在既定的方针政策原则下，因地制宜，分工负责，保障其实施。

政策的意义在于把小农经济纳入国家计划。《决议》指出，实行上述政策，不但可以妥善地解决粮食供求的矛盾，更加切实地稳定物价，有利于粮食的节约；而且是把分散的小农经济纳入国家计划建设的轨道之内，引导农民走向互助合作的社会主义道路，和对农业实行社会主义的改造所必须采取的一个重要步骤，它是党在过渡时期的总路线的一个不可缺少的组成部分。当时，政府实行重工业优先发展的战略，统购统销的体制为工业资本的积累提供了便利，可以尽可能多地获取农业剩余，满足城市居民和工业部门对粮食的需求以及出口创汇的需要。粮食统购统销作为特定历史时期和历史条件下的产物，有其产生的客观必然性和存在的合理性，但随着经济社会条件的变化，其弊端也不断地显现出来。粮食统购统销政策因其固有的管得过死、激励机制不足等缺陷，不仅会在长期实行中损害粮食生产者的利益和抑制其生产积极性，而且无法满足消费者伴随经济社会发展而日益增长与多元化的粮食需求。

什么是粮食保护价格制度？

粮食保护价格制度始于 1993 年。1993 年 2 月，国务院下发《关于建立粮食收购保护价格制度的通知》（下简称《通知》），指出为了保护农民种粮的积极性，促进粮食生产的稳定增长，国务院决定建立粮食收购保护价格制度。《通知》明确，制定粮食收购价的原则是"补偿生产成本并有适当利润，有利于优化品种结构，并考虑国家财政承受能力"；执行粮食收购保护价格的范围是"限于原国家定购和专项储备的粮食"。同时，为了保证落实粮食收购保护价格制度，国务院决定建立中央和省（区、市）两级粮食风险基金制度。在粮食市价低于保护价时，按保护价收购；在粮食市价上涨过多时，按较低价格出售。上述价差由风险基金补偿。

从 1998 年起，"按保护价收购"的提法改为"按保护价敞开收购"。1998 年 11 月，国务院下发了《关于印发〈当前推进粮食流通体制改革意见〉的通知》，推行以"三项政策"为核心的粮食流通体制改革。"三项政策"指的是"按保护价敞开收购农民余粮"、"粮食收储企业实行顺价销售"和"粮食收购资金实行封闭运行"。

1999 年，国家调整了保护价收购的粮食品种的范围。1999 年 5 月，国务院下发《关于进一步完善粮食流通体制改革政策措施的通知》明确指出，黑龙江、吉林、辽宁省以及内蒙古自治区东部、河北省北部、山西省北部的春小麦和南方早籼稻、江南小麦，从 2000 年新粮上市起退出保护价收购范围。1999 年 10 月，国务院又下发了《关于进一步完善粮食流通体制改革政策措施的补充通知》。对于实行保护价收购的粮食品种，补充通知要求，应拉开等级差价，但不得将等内粮中的低等级部分退出保护价收购范围；对于退出保护价收购范围的粮食品种，补充通知提出，可由国有粮食购销企业按照购得进、销得出的原则组织收购，或者由国有粮食购销企业实行代购代销。2000年2月，国务院办公厅在《关于部分粮食品种退出保护价收购范围有关问题的通知》中重申，部分粮食品种退出保护价收购是国务院针对粮食生产和流通中出现的新情况做出的重要决策，对于调整优化农业和粮食生产结构，保护农民的长远利益，具有十分重要的意义。

不过，保护价收购政策也存在一些问题。一是政策成本太高，国有粮食企业收购了大量粮食，却不能顺价销售出去，积压在粮库里，储存成本不断累积；二是大量财政资金补贴了国有粮食企业，一些地区甚至出现国有粮食企业垄断经营的情形。

● 什么是粮食最低收购价政策？

为了扭转粮食生产连续多年下滑的局面，充分调动农民生产积极性，增加粮食供给，保证国家粮食安全，2004年以来，国家陆续出台了多项促进粮食生产的措施，粮食最低收购价政策是其中一项重要的保证措施。当市场粮价低于国家确定的最低收购价时，国家委托符合一定资质条件的粮食企业，按国家确定的最低收购价收购农民的粮食。通过实施最低收购价政策来稳定粮食生产、引导市场粮价和增加农民收入，是为解决"工农"问题，实施工业反哺农业而采取的重要手段。

作为重要的农业政策，我国粮食最低收购价政策的目标依据不同时期农村经济发展形势及政策实施效果而有所调整，从保"供给数量""农民增收"到保"供给质量"。2004—2007年，以保粮食"供给数量"为主要目标，小麦和稻谷的最低收购价格处于持稳阶段，其中小麦是从 2006 年开始首次启动小麦最低收购价执行预案。该阶段我国粮食特别是谷物的生产面临严峻的形势，国家粮食安全出现了潜在的危机。2008—2014 年，以保"农民增收"为主要目标，小麦和稻谷的最低收购价经历 7 年稳定上升期。自 2004 年以来，粮食产量不断增加，但城乡居民的收入差距还是在不断扩大，因而迫切需要通过提高粮食最低收购价来增加农民收入。自 2015 年我国实施农业供给侧结构性改革以来，目标调整为以保供给质量为主，价格处于调整阶段。从 2016 年起稻谷和小麦的最低收购价开始不断下调，逐步回归市场水平，配合农业供给侧结构性改革。2020 年和 2021 年的中央一号文件均提出要调整完善稻谷和小麦最低收购价政策，确保种粮农民获得合理收益。2020 年后国家连续三年提高了小麦和稻谷最低收购价水平，并从 2020 年起开始对小麦和稻谷限定最低收购价总量。

最低收购价政策，对保障国家粮食安全起了很大作用。但实施多年来政策弊端也逐渐显现，如市场机制扭曲，价格水平难以反映粮食供求真实关系；粮食库存数量过高，安全储粮形势严峻；政策依赖过重，市场活力明显不足，粮食收购往往难以做到优质优价，不利于粮食生产结构的调整等。调整完善最低收购价政策要严守"谷物基本自给，口粮绝对安全"底线，在保证农民利益不受损害的前提下，稳妥有序推进市场化改革。

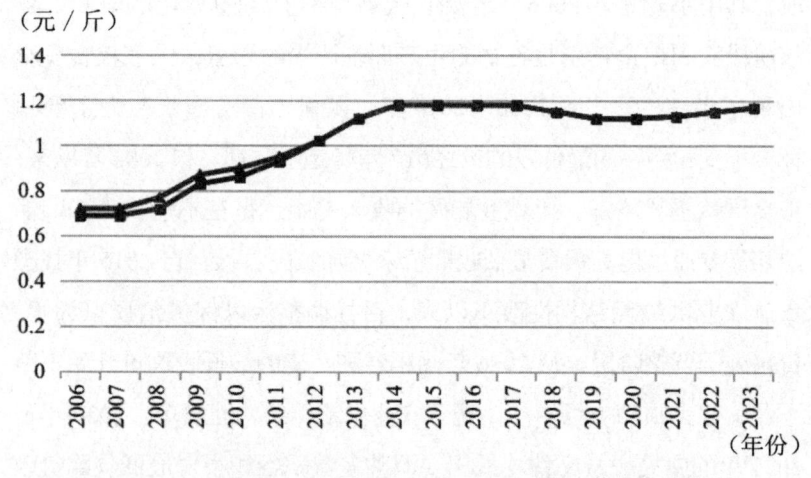

图 3-1 2006—2023 年我国小麦最低收购价变化

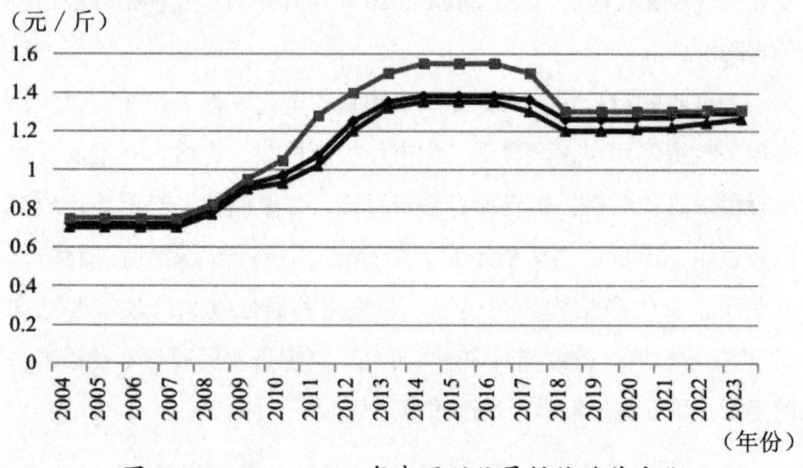

图 3-2 2004—2023 年我国稻谷最低收购价变化

数据来源：国家发展改革委网站相关年份关于小麦、稻谷最低收购价的通知。

● 粮食市场为什么需要政府干预？

粮食市场需要政府干预，直接原因是粮食生产和粮食价格之间有着内在的不稳定性，即经济学上所谓的"蛛网效应"。在自发作用下，粮食增产或减产都会引起粮价的波动，而粮价波动又会反过来影响粮食生产，导致供给不足或者生产过剩。

从生产者角度来看，粮食生产具有季节性特征，当市场价格发生涨跌变化时，生产者无法快速做出回应，生产对市场的反应存在一定的滞后期。比如，上一个季节粮食出现减产，那市场粮价很快就会表现为上涨；而价格上涨，并不会立即带来投入和产量的相应增加。价格上涨，只会刺激农民在下一个生产周期扩大生产规模，而生产的扩大会导致供给过度和价格下跌。但价格下跌，也不会立即带来生产的收缩，而只能等到下一个生产周期生产者才能做出调整。从消费者角度来看，粮食作为最基本的生活必需品，消费需求缺乏弹性。即不管粮食价格涨跌，消费者都找不到合适的替代品，粮食消费量短期内都不会有大的变化。正是因为消费者的需求弹性小于生产者的供给弹性，所以粮价波动和生产变动会沿着生产周期不断放大。如果没有外在力量的干预，这个过程会持续下去并自我强化。

粮食市场需要政府干预，最根本的原因是粮食是生活必需品，关系到国计民生，农民和城镇居民对粮食市场都很敏感。粮价太低，影响农民增收，谷贱伤农；粮价太高，加重城镇居民经济负担，还容易引发心理恐慌和抢购风潮，甚至会导致社会动荡。所以，粮食市场需要政府的干预。

● 影响粮食供求的因素有哪些？

短期来看，影响粮食产量的因素主要有化肥施用量、有效灌溉面积、成灾面积、农机总动力、非农收入、经济作物价格、粮食价格、农业政策等；影响粮食消费的因素主要有人口变化、收入变化、食品支出比例、城镇化率、城镇粮食零售价格、畜水产品价格、粮肉转化率、酒类用粮、播种面积、单位面积种子用量、粮食供给、损耗系数、运输成本、关税配额等。中长期来看，影响粮食供求的因素主要有人口、耕地面积、消费结构、粮食比较效益、进出口等。

● 什么是粮食消费及目前粮食消费结构特征有哪些？

粮食消费是全社会在一定时期内粮食的生产性消耗（工业用粮、饲料用粮和种子用粮）和生活性消耗（口粮）的总称。粮食消费构成包括直接消费量和间接消费量两方面。粮食直接消费量，就是城市居民和农民直接消费的口粮。粮食供求稳定的根本就是保证直接消费量，这样就不会影响到当前人类的生存。粮食间接消费量，主要包括饲料用粮、工业用粮、种子用粮、损耗。

随着生活水平的提高，居民消费结构不断转型升级，粮食安全要求已从数量安全转变为结构安全。我国粮食消费结构呈现出"以口粮为主"向"以饲料粮为主"转变的特征，在维持现有生产能力情况下，口粮可得到充分保障，但饲料粮和工业用粮仍面临较大缺口，导致中国粮食安全保障程度整体为负。同时，居民对农产品质量的要求不断提高，不仅要"吃饱、吃好"，更要"吃得健康、吃得安全"，由追求温饱向追求安全、生态、健康、营养转变。

● **人均食物消费量的标准是多少？**

根据《中国居民膳食指南》(2022)，我国成年人日平均能量摄入水平应该保持在 1600~2400kcal，蛋白质摄入量应该保持在 60~90g。对于不同食物每日摄入量的要求，人均每日奶类及奶制品为 300~500g，大豆类及坚果为 25~35g，畜禽肉类为 40~75g，鱼虾类为 40~75g，蛋类为 40~50g，蔬菜为 300~500g，水果类为 200~350g，谷类薯类及杂豆为 250~400g，水 1500~1700ml，食用油脂类为 25~30g，盐低于 5g。

● **如何预测我国未来的粮食需求量？**

根据居民粮食消耗的口粮和饲料粮，加总计算出人均粮食消耗。基于联合国世界人口展望报告预测结果，在 2025 年和 2030 年，中国总人口数分别为 14.25 亿和 14.17 亿，测算出 2025 年和 2030 年我国粮食需求总量。按照成年人日平均能量摄入水平 2000kcal、蛋白质摄入量 75g 计算，人均年口粮需求量为 156.5 公斤，人年均饲料粮需求量为 97.2 公斤，我国人均粮食消耗合计为 253.7 公斤，2025 年和 2030 年我国粮食需求总量分别为 3.61 亿吨和 3.59 亿吨。按照 2025 年和 2030 年口粮消费占粮食需求总量的比重为 36% 和 34%，以及国内粮食占全社会粮食需求的比例约为 80% 计算，可以测算出 2025 年和 2030 年全社会粮食需求总量分别为 7.74 亿吨和 8.15 亿吨。

● **如何看待未来时期我国的粮食产需形势？**

中国粮食产量自 2015 年起连续 8 年保持在 1.3 万亿斤以上，实现了此前国家提出的粮食综合生产能力要达到 6.5 亿吨以上的要求，粮食库存保持充裕。就目前来看，我国粮食生产已经达到了"确保谷物基本自给、口粮绝对安全"的粮食安全战略要求，保住了底线。

此前，中国社会科学院农村发展研究所发布的《中国农村发展报告（2021）——面向2035年的农业农村现代化》预测，到2035年中国需要具有9亿吨的粮食总供给保障能力，才可以满足居民食物消费升级的需要。其中，国内需要建成7.5亿吨的粮食生产能力，这也意味着还有1.5亿吨的产需缺口需要靠进口来进行填补。2022中国农业展望大会上发布的《中国农业展望报告（2022—2031）》显示，未来十年，我国粮食等重要农产品有效供给将得到切实保障，农业质量效益和竞争力将显著提高，谷物基本自给、口粮绝对安全能够完全确保，粮食自给率将提高到88%左右。但也要看到，未来粮食生产成本将呈增长态势，资源环境面临的"硬约束"趋紧，在确保绿色发展和资源永续利用的同时，稳定发展粮食生产压力较大，粮食产需仍将维持紧平衡态势。

从长远来看，随着我们工业化城镇化的推进和城乡居民消费结构的升级，粮食总需求量还将会进一步地提升，我国粮食产需缺口将会长期存在，而且预计粮食产需的结构性矛盾将会进一步加剧。今后时期，我国既要利用国际市场弥补国内产需缺口，也要在维持一定规模储备的同时，不断提高粮食综合生产能力，以确保国家粮食安全。2023年中央一号文件提出，实施新一轮千亿斤粮食产能提升行动，集中必要资源力量和手段，努力推动粮食产能早日迈上新台阶，为未来进一步确保粮食安全奠定坚实基础。

什么是订单粮食？

"订单粮食"是指粮食经营企业与粮食生产者签订合同，明确粮食生产的品种、数量、质量、价格等内容，粮食生产者按合同组织生产，粮食经营企业按合同组织收购的一种粮食产销形式。"订单粮食"是一种保障种粮农民以销定产，引领农民走向市场的行之有效的生产经营模式，也是在粮食购销市场化的形势下，粮食企业巩固和拓展粮源渠道的重要手段。粮食订单可以将企业和农户进行"捆绑"，风险共担、利益均沾，最终实现企业和农户的"双赢"。大力实施"订单粮食"，对调整农业种植结构、促进农村经济发展、增加农民收入、改善粮食品质都具有直接的推动作用。

实行"订单粮食"也存在一些困难或障碍。一是订单合同难以签订。粮价随市场供求变化波动较大，在签订订单合同时难以确定具体的收购价格，农户和企业因不愿承担市场风险导致签订订单的积极性不高。二是粮食难以达到质量要求。农村青壮年外出打工居多，留守种地农民年龄偏大，文化水平偏低，生产技术落后，标准化生产和质量管理意识淡薄，生产的原粮经常达不到合同规定的质量要求。三是粮食收购市场混乱。一些小商小贩走村串户，降低标准抢购粮食，致使那些坚守质量标准的粮食企业收不到粮食，"痛失"订单。

即使"订单"签了，有时候也难以执行。一方面，农民履约意识和诚信意识淡薄，合同履行困难。市场行情看涨时，谁给的价高卖给谁；市场价格走低时，就找合同单位兑现。另一方面，一些粮食加工和运销企业以市场价格变化、资金不足为由，拖延甚至拒收粮食；还有一些粮食企业在质量标准、等级等方面提出不合理要求，压级压价，有意损害农民利益。

因此，要建立"订单粮食"保障机制。一要建立"龙头企业＋合作经济组织＋农户"这种三级联动经营的模式来提供体制支持。这种体制可以增强农民的组织化程度，有利于合作经济组织对农民的约束和管理，也会提高违约成本，可以基本适应当前"订单粮食"的操作需求。二要实行"质押预付订单"制度。所谓质押预付订单，是指具备农业发展银行贷款条件、有经营能力的粮食企业与农民平等、自愿、协商签订粮食预购合同，并向农民预付一定比例的预付粮款，农民以土地承包经营权作为企业预付粮款和兑现合同的质押，农业发展银行向企业发放预购定金贷款，支付农民预购粮款而形成的"订单粮食"。实行这种制度，可以有效提高"订单"履约率。三要以"二次返利"激励农民。在市场粮源充裕、粮价趋低的情况下，龙头企业应当严格执行订单合约，按期足额向种植户兑现粮食收购资金；在粮食歉收、市场粮价远高于订单粮价时，龙头企业可主动向种植户进行二次返利，以保护农民来年合作的积极性。四要发挥政府的组织协调作用。粮食订单的签署和履约，牵涉到种子、农技等诸多部门。县乡政府和村级组织要居中协调，依法办事，促进粮食产、购、销经营活动的健康发展。

⦿ 什么是粮食目标价格？为什么要推行粮食目标价格制度？

为保障国家粮食安全，维护农民粮食种植积极性，2004年我国对主要粮食品种实行最低收购价和临时收储等"托市"政策，但只升不降的粮食收购价政策带来了粮食价格形成机制的扭曲，导致国内外粮食市场价格倒挂、主产区和主销区粮食市场价格倒挂以及原粮价格与加工品价格倒挂现象凸显，政府财政负担增加。在此情况下，借鉴国际通行做法，我国积极推动粮食目标价格制度转变，并于2014年启动了东北和内蒙古大豆、新疆棉花目标价格试点。

粮食目标价格，是政府在一定时期内充分考虑影响粮食价格形成的各种因素而测定的理想价格，是能够反映粮食生产所消耗的资源价值及适当利润的合理价格，也是综合考虑一定时期内种粮成本实际增长和种粮农民合理收益而制定的一种政策性参考价格。不同于最低收购价和临时收储等"托市"政策，目标价格补贴政策旨在实现粮食市场定价与政府补贴脱钩，充分发挥市场配置资源和政府引导调控相结合的作用，最大限度减少粮食市场价格扭曲，保障农户基本收益和维护粮食市场稳定。

● 实行粮食目标价格对我国有何挑战？

虽然说，实行粮食目标价格在一定程度上可以改变最低收购价政策带来的负面效应，有利于发挥市场机制的作用，促进农户增收并调动农民的种粮积极性，但在实施过程中也面临着一些困局。

首先，我国目标价格补贴政策面临目标价格制定难题。从试点实际情况看，对目标价格的计算方法只是笼统地给出了一个概念，即根据生产成本加基本收益确定，但对生产成本如何计算、基本收益定在什么水平没有作出具体规定。如农民种粮生产成本除了粮种、农具、农药、化肥等项目外，劳务成本显然应该纳入其中，但劳务成本根据什么标准确定均有待明确。

其次，我国目标价格补贴政策存在市场价格监测困难。政府公布目标价格后，市场价格信息采集的合理性对农户实际得到的目标价格补贴至关重要。从现有试点省份价格监测点设置来看，可能存在试点区市场价格监测点设置不合理等问题，非产区布点收集的价格高于主产区市场价格，导致试点品种实际市场监测价格偏高，农户实际获得的目标价格补贴被稀释，一定程度上损害了农户种粮的收益。

最后，政府宏观调控风险加大。实行目标价格后，如何确定目标价格及市场价格、如何确定补贴额度和补贴方式以及在粮食价格出现剧烈波动时如何给予市场更大信心等，仍需要政府出台相关配套政策，界定市场行情涨跌的合理区间，给予生产者、消费者相应扶持。同时又要严格避免出现阶段性政策"长期化"、应急性政策"机制化"，导致"政策"再次替代"市场"，这些都对政府宏观调控和风险防控能力提出了更高要求。

● 什么是粮食储备？粮食储备制度是如何逐步建立的？

粮食储备是政府、企业、城乡居民及社会组织为应对粮食获得风险，或政府为调节粮食市场供求而建立的粮食库存。一般说来，粮食储备的基本功能主要是调节粮食供求总量和应对重大自然灾害或其他突发事件两个方面。2019年，中共中央办公厅、国务院办公厅印发《关于改革完善体制机制加强粮食储备安全管理的若干意见》指出，粮食储备是保障国家粮食安全的重要物质基础，要以服务宏观调控、调节稳定市场、应对突发事件和提升国家安全能力为目标，科学确定粮食储备功能和规模，改革完善粮食储备管理体制，健全粮食储备运行机制，强化内控管理和外部监督，加快构建更高层次、更高质量、更有效率、更可持续的粮食安全保障体系。

我国的粮食储备可划分为战略储备、后备储备（专项储备）、周转储备和民间储备四个部分。其中，战略储备和专项储备的主体是政府，周转储备的主体是企业，民间储备的主体是农业生产者。关于粮食安全的最低储备水平，联合国粮农组织认为17%的库存消费比是粮食安全的警戒线。基于我国国情，国家粮食储备的安全线应该适当高于联合国粮农组织提出的17%的粮食安全警戒线，我国粮食储备的规模应维持在相当于当年全国粮食消费量25%～30%的水平上。

关于粮食储备制度，在改革开放以前我国基本形成了以"甲字粮"、"506粮"、周转粮以及农村集体储备粮四部分为主的粮食储备体系。1978年党的十一届三中全会后，随着农村家庭联产承包责任制的普遍推行，在粮食持续大幅度增产的同时，国家储备和农民个人储备的粮食也不断增加。由此，针对一些粮食主产区出现的农民"卖粮难"问题和各地普遍发生的粮食部门"储粮难"现象，1990年，国务院出台了《关于建立国家专项粮食储备制度的决定》，提出建立国家专项粮食储备，各省、自治区、直辖市人民政府也要根据实际情况建立本地的粮食储备；并决定成立国家专项粮食储备领导小组，负责领导和统筹解决国家专项粮食储备的有关问题；批准成立国家粮食储备局，负责粮食储备的管理工作。建立国家专项粮食储备制度，不仅标志着我国粮食储备进入了一个新的发展阶段，而且意味着我国粮食储备的机制与功能发生了历史性的重大变化。

党的二十大报告强调，全方位夯实粮食安全根基，牢牢守住十八亿亩耕地红线，确保中国人的饭碗牢牢端在自己手中，确保粮食、能源资源、重要产业链供应链安全。粮食储备是保障国家粮食安全的重要物质基础，是调节市场、稳价保供和应对突发事件的"压舱石"。为了保障粮食安全，要积极发挥粮食储备"蓄水池"的作用，通过有效的"吞吐"机制，可以熨平粮价波动，稳定市场价格。

● **我国应如何不断健全粮食储备体系？**

储为国计，备为民生。自1990年我国建立国家专项粮食储备制度之后，国务院又先后于1995年、1998年、2003年和2014年分别发布了《关于粮食部门深化改革实行两条线运行的通知》、《关于进一步深化粮食流通体制改革的决定》、《中央储备粮管理条例》和《关于建立健全粮食安全省长责任制的若干意见》，不仅构建起中央、省级、地县三级储备体系，而且健全完善了储备粮管理的组织体系，组建了中央储备粮垂直管理体系，并且还将中央储备粮纳入了法制化的轨道。

从我国实践看，粮食储备是平抑粮价、备战荒年、保障粮食供给的重要后盾，在应急保障、稳定市场、保障生产、维护稳定等方面都发挥了重要作用。在应急保障方面，主要是应对地震、雨雪灾害、台风等重大自然灾害和其他突发公共事件；在稳定市场方面，粮食储备能够通过加大收储和及时抛售调节粮食市场供给与平抑市场粮价；在保障生产方面，主要是中储粮总公司受国家委托作为执行主体承担最低收购价与临时收储政策的贯彻落实，在政策启动时积极组织粮食收购；在维护稳定方面，粮食储备实实在在地起到了确保国家粮食安全与经济社会稳定的"压舱石"作用。

值得注意的是，长期以来我们对储备粮管理片面强调"储得进、管得好、调得动、用得上并节约成本、费用"，从而导致储备粮计划与市场、行政管理与企业轮换经营脱节，导致储备粮轮换效益低下。比如，一些地方政府将储备粮食交由当地某些加工经营企业完成，政府提供利息和损耗等各项补贴。这样，哪个企业拿到了储备指标，就意味着该企业经营粮食成本费用的减少，粮食储备指标成了滋生腐败、破坏公平竞争的干预手段。因此，我们要进一步完善粮食储备体系，确保粮食安全。

一要建立动态储备体系。静态储备的管理理念，不可避免地会存在直接费用高、轮换风险高、陈化损失大等问题。经过储备粮管理的实践证明，储备粮管理的最大风险是轮换风险，即因轮换时机决策失误而造成低价轮出、高价轮进所产生的经济风险，尤其在粮食市场价格波动期间表现更为突出。粮食动态储备一般指储存一两年以内，从满足社会粮食需求出发，充分考虑粮食生产、储存、流转的周期，以最小的社会成本来确保社会粮食的最大需要，体现了节约资源、经济高效的经营理念和持续、协调、和谐的科学发展观。

二要建立开放竞争的储备粮轮换经营机制。保障粮食安全，不仅要以充足的产品作为物质基础，而且还需要充满活力的市场供应体系。在市场体系建设中，既要培育市场主体，也要建立完善的市场制度和规范市场秩序，形成完整的现代市场体系。提倡全社会多层次的粮食储备，真正落实"藏粮于民"。要利用价格信息、季节价差，促使各类相关的经济组织增加其粮食的周转储备，减轻国家粮食后备储备的压力。要让更多企业参与政府储备粮食指标的公开竞争，企业储备政府指定的粮食数量，必须是超过企业经营常规商业储备之外的才能够获得补贴。

三要建立绿色粮食储备体系。建立绿色粮食储备体系，要大力推广绿色储粮技术,综合应用非化学防治法,力求把害虫减少到经济危害阈限之下。通过实施智能化粮库建设,搭建集粮情远程监测、智能出入库监管、库存数量监测等多功能于一体的全新智能化粮库管理体系,打造储粮管理升级版。推广节能减排技术,对粮食烘干系统实施脱硫除尘、余热回收等技术改造,推广智能通风系统和节电控制设备来减少能耗。"现代粮仓绿色储粮科技示范工程"为"十三五"国家重点研发计划"现代食品加工及粮食收储运技术与装备"专项所辖项目,项目探索了绿色仓储技术方案,技术集成有效地降低了粮食仓储过程的综合损耗。

● 什么是粮食储运安全?

粮食储运安全是保障国家粮食安全的关键领域,也是粮食市场宏观调控的关键环节。粮食储运涉及粮食储存、运输、分发、配送乃至最终消费整个过程,是促进粮食产业化发展的重要组成部分。在我国粮食储运安全管理中,国家粮库组织、地方粮库组织、企业和民间粮库之间的协调是保证粮食储运安全的基础。

近年来,我国各级政府相继出台了一系列政策,不断加大对粮食流通领域的投入,不断完善粮食收储体系,推进了粮食收储运产业的发展。但随着国内外粮食供求形势变化,粮食收储运产业发展存在的问题也逐渐显现出来,尤其是粮食供给的结构性矛盾。在需求上,粮食消费将呈刚性增长,粮食消费品种品质要求增强;在供给上,粮食增产制约因素增多,不同粮食供需结构性差异突出。此外,我国粮食在运输、储备和流通中有遭受巨大损失的风险。

实践证明,应用科技创新成果,能够有效减少粮食储运损失。

在储存过程中，采用低氧储粮技术（如二氧化碳储粮技术、氮气储粮技术）有助于保障粮食质量稳定，通过科学管理，国有大型粮库能够将储粮周期内粮食综合损耗率降至1%以内。在运输过程中，采用铁水联运接卸技术、粮食铁路运输专用车皮和专用散粮车、液压粮车卸车装置，推广浅圆仓智能进仓布粮装置和机械化出仓装置、"北粮南运"高水分粮食品质监测控制技术，有效减少运输环节的粮食损耗。

粮食储运安全管理是一个环境复杂、动态变化的系统，它涉及粮食供应链的很多参与方。在确保粮食稳定供应的前提下，必须要对相关的组织进行综合管控、组织协调。通过构建粮食储运安全管理运行机制，实现粮食储运安全管理的利益最大化。

● 我国粮食库存现状如何？

我国粮食库存的构成情况，主要分三大类：政府储备、政策性库存和企业商品库存。此外，还有部分农户存粮，但通常不统计在库存范围内。政府储备包括中央储备粮和地方储备粮，这是我们守底线、稳预期、保安全的"压舱石"。比如，地方储备粮是按照能够满足产区3个月、销区6个月、平衡区4.5个月市场供应量建立的。政策性库存是国家实行最低收购价、临时收储等政策形成的库存，这部分库存数量相当可观，常年在市场公开拍卖。企业商品库存是指企业为了经营周转需要建立的自有库存。目前进入统计企业有4万多家，这部分库存规模数量也不小。据测算，当前我国粮食库存消费比超过50%，稻谷和小麦库存量超过一年的消费量，库存消费比远超过联合国粮农组织的粮食安全警戒线。充裕的粮食库存有力保障了国家粮食安全，为有效应对国内外各种风险挑战，确保经济社会平稳健康发展打下了坚实基础。

● 什么是粮食银行？

"粮食银行"是粮食流通环节的重要组织创新。我国的"粮食银行"是在20世纪80年代的粮食代储模式基础上发展而来，起初主要开展传统的"两代一换"（代农储粮、代农加工、品种兑换）业务，而后经过多年来不断地创新、发展，形成了提供代储、加工、流通、兑换、金融等服务的"粮食银行"。对于农户而言，在保留粮食所有权的前提下，"粮食银行"可深入解决其储粮问题，平抑粮食价格波动，稳定粮农的种植收入。对于企业而言，"粮食银行"可有效缓解粮食加工或贸易企业收购资金的压力，更为精准地锁定粮源，同时在粮食流转过程中可获得增值收益，产生的收益作为"粮食银行"的利润来源及农户利息。

实践中，"粮食银行"的运作模式主要有以物换物的"广饶模式"、银企合作的"龙江模式"、三业融合的"太仓模式"、政府背书的"凤台模式"、"粮食银行+"的中粮模式。围绕这些模式，黑龙江、江苏、安徽、河南等省份对"粮食银行"的运作方式进行了实验性探索，但出现了服务质量低、政策支持不完善、缺乏有效监管等诸多问题，从而影响了"粮食银行"的稳定经营。更值得注意的是，"粮食银行"虽借鉴商业银行的经营理念，但其尚处于发展的初级阶段，并不具备商业银行的抗风险能力。能否有效应对运行中面临的经营风险、市场风险、信用风险以及法律风险，将直接关乎"粮食银行"组织创新的成败。

◉ 我国粮食加工业现状如何？

粮食加工是指通过处理将原粮转化成半成品粮、成品粮，或者将半成品粮转化成成品粮的经营活动。粮食加工是国家粮食安全保障体系中不可缺少的重要环节，是促进粮农就业增收的重要渠道。我国粮食加工业的发展主要表现在以下三个方面：

一是大幅提升产业规模效益。随着粮食产业化经营的深入推进，我国粮食加工业不断推进产业结构升级，逐渐形成民营、国有、外商等多元化加工的主体格局，并涌现出一大批具有一定竞争力和辐射带动能力的大型粮食加工企业或集团。据统计，截至2021年，我国共有16.7万家粮食加工相关企业，山东省以1.78万家排名第一，黑龙江、江苏分列二、三位。2021年前三季度，我国粮食加工与制造业的规模以上企业实现营业收入超过1.3万亿元，同比增长约8%。酿造食品业、糕点面包制造及米面食品制造、其他方便食品制造等涉及粮食食品制造和精深加工的子行业发展势头良好，主营业务的收入实现较大程度增长。

二是积极改善粮食产品结构。随着经济社会的发展，我国城乡居民消费结构发生了重要变化，对粮食产品的质量要求也逐步提高，粮食加工业从传统的成品粮生产向专用成品粮生产转变，特别是一些大型企业通过引进新技术、新工艺、新设备，积极开发附加值高的粮食精深加工产品，延伸了产业链，产品结构和档次不断提升。大米加工企业通过香气固化和营养强化提升大米适口性和功能性，并细分寿司米、低糖米、高锌米、富硒米、生态米等新品类；小麦特制一等粉、特制二等粉产量明显增加，速冻食品、方便食品、传统主食等专用粉以及营养强化面粉、绿色面粉、富硒米预混合粉等产品类型不断丰富；各种玉米早餐食品、儿童食品、休闲食品、玉米汁饮料得到了迅速发展，玉米特强粉产量有了较大增加。

三是积极开发关键技术装备。伴随着工业化的快速发展和农业科技水平的不断提升，我国粮食加工技术水平明显提高，装备制造能力逐步增强，一批重大关键技术与设备开发取得积极成效。我国攻克了稻谷、小麦、玉米、大豆等深加工关键技术，开发了专用米、专用粉、速冻米面食品、方便米粉、糖醇、大豆蛋白等市场潜力大的产品，稻壳、米糠、玉米和小麦胚芽等副产品综合利用技术取得新突破。粮机制造水平快速提升，骨干粮食机械制造企业设备制造能力增强，特别是大型粮食加工主要单机设备和成套技术提升较快，自主设计的日处理稻谷、小麦和年处理玉米、饲料等成套工艺与设备达到国际先进水平，与之配套的粮食加工主要单机设备基本实现本土化生产。

但是，加工环节也是粮食损失浪费较重的一个环节，据估算，我国粮食加工环节的损失每年达 150 亿斤。消费观念引导滞后、成品粮过度加工问题突出、新理念新技术推广不足、加工工艺不规范、加工副产物利用率低等因素是造成粮食加工环节损失的重要原因。

2021 年 10 月，中共中央办公厅、国务院办公厅印发的《粮食节约行动方案》明确提出，要提高粮食加工转化率，提升粮食加工行业数字化管理水平，发展全谷物产业，加强粮食资源综合利用，在加工环节节粮减损取得实效。为落实上述方案，推动粮食加工业高质量发展，农业农村部办公厅组织开展了全国粮食加工环节减损增效典型案例征集工作，梳理了小麦适度加工、稻谷适度加工、小麦加工副产物综合利用、稻谷加工副产物综合利用等 4 大类 24 个减损增效典型案例。此次推介的典型案例,聚焦小麦和稻谷加工环节,根据粮食品类和市场需求合理确定加工程度,做到宜粗则粗、宜精则精。推介案例生产工艺优化,技术装备先进,加工损失率均低于2%。

随着消费市场不断升级,人们的消费观念从"吃得好"向"吃得营养""吃得健康"转变,不再追求"精米白面",对全谷物的消费量明显增加。适应新需求,粮食加工企业也要从过度加工向适度加工转变。

第四编

粮食贸易与粮食安全

● **什么是贸易性粮食安全？**

贸易性粮食安全，是国家粮食安全的重要内容，指的是通过贸易手段来维护一国的粮食安全。粮食自由贸易是促进全球粮食供求平衡的重要手段，除了充当"传送带"将粮食从有富余的地方运送到有需要的地方这一基本作用外，还支撑着就业、生计和收入，它是可持续和有效利用全球稀缺资源的关键因素。

2022年，世贸组织总干事恩戈齐·奥孔乔-伊韦阿拉在《解决粮食贸易问题》的文章中提到，由于扭曲贸易的补贴和较高的保护主义壁垒等问题，国际粮农市场往往运行不良。在许多地区，对研究、推广服务和连接市场的基础设施的投资持续不足，已导致农业生产力低下且停滞不前。此外，国际局部地区战争使局势恶化，粮食价格飙升至创纪录的高点。世贸组织监测发现，多国政府采取的对策是限制粮食出口，这可能缓解国内压力，但会加剧世界其他地方的粮食短缺。

中国是粮食生产大国。粮食总产量连续8年稳定在1.3万亿斤以上，人均粮食占有量达483公斤，高于国际公认的400公斤粮食安全线。尽管口粮自给率很高，但我国仍需通过进口谷物等满足国内生产需求。随着中国与国际市场关联度的持续提高，外部贸易环境的不稳定和不安全，对我国长期的粮食安全同样也会形成一定的挑战。我国要努力完善粮食国际贸易基础条件，为粮食的国际贸易扫除内部障碍，提升粮食国际贸易的竞争力，确保粮食安全。

● **新中国成立以来，我国的粮食贸易是如何发展的？**

我国粮食进出口贸易从新中国成立以来一直由国家指定的国有粮食进出口公司垄断经营，粮食进出口数量由国家计划严格控制。从

20世纪80年代开始,这种计划管理具体通过"许可证"办法来进行。20世纪90年代后又改为限量登记、配额管理办法,一直沿用至今。

新中国成立以来,我国粮食进出口贸易可大致划分为4个阶段:1950—1960年为第一阶段,为期11年;1961—1984年为第二阶段,为期24年;1985—2003年为第三阶段,为期19年;2004—2022年为第四阶段,为期19年。

第一阶段(1950—1960年),我国连续11年粮食净出口,年均出口粮食219万吨。新中国成立后,在全国逐步实行了土地改革,通过开展多种形式的农业互助合作、大规模兴修水利、减轻农民负担,促进了粮食产量的增加。不仅改变了原来沿海城市吃进口粮的局面,实现了粮食自给,而且通过统购统销,国家掌握了一定数量的粮食,通过粮食出口创汇,进口国外先进技术、机器设备和工业原料,加快推进工业化进程,推进国家的经济建设。1950—1959年,我国粮食进口总量仅84万吨,粮食出口总量达2228万吨,大约是进口总量的27倍。十年里,粮食出口量整体是逐年增加的。其中1950年粮食出口量为123万吨,1959年粮食出口量为416万吨,相当于1950年的3.4倍。

第二阶段(1961—1984年),粮食进口大于出口,粮食贸易的性质主要是改善城乡居民生活。1961年起,我国粮食进出口政策逆转,由连续11年净出口转为连续24年净进口。1961年,我国净进口粮食445万吨,占当年粮食产量的3.26%。1961—1976年,年度净进口粮食基本上稳定在三四百万吨,年均净进口291万吨。在此期间,有3个年份的净进口量较少,其中1971年净进口56万吨,1975年净进口93万吨,1976年净进口87万吨。1977年起,粮食进口猛增。1977年粮食减产，当年的粮食净进口量达569万吨，占国内产量2.01%。这是自1966年以来首次突破2%的进口比例。1977—1984年，我国年均净进口粮食1024万吨。背后的原因是，改革以来政府减少了粮食征购基数，导致城市粮食供给缺口扩大。为弥补缺口，国家被迫大量进口粮食。分年度看，1978年，粮食增产2204万吨，但当年仍然净进口粮食696万吨；1979年，粮食增产2735万吨，当年净进口高达1070万吨，在历史上首次突破千万吨级别；1980年，粮食减产1156万吨，当年净进口粮食1181万吨；1982年，粮食增产2948万吨，粮食净进口再创新高，达到1487万吨；1983年底，"大包干"已经在全国推广到90%以上，当年粮食增产3278万吨，净进口粮食1147万吨；1984年，我国粮食总产量首次突破4亿吨，但当年仍然净进口粮食688万吨。

第三阶段（1985—2003年），我国粮食进出口没有明显规律，贸易方向忽进忽出，贸易量忽大忽小。但总体来看，这一时期仍以粮食净进口为主。1985—2003年，有8个年份表现为粮食净出口，累计净出口粮食1387万吨，年均净出口173万吨；有11个年份表现为粮食净进口，累计净进口粮食8022万吨，年均净进口729万吨。但该阶段谷物贸易每年均表现为净出口，粮食贸易与谷物贸易的巨大差异，主要源自大豆进口的激增。1997年前，粮食进口品种主要是小麦，而大麦和大豆的进口量相对小麦微不足道。1997年，大豆取代小麦成为最主要的进口品种，且进口量逐年增大；而小麦进口量相对1997年以前明显减少。1996年起，我国由大豆出口国变成大豆进口国，且进口量逐年增加。1997年，大豆进口量为273万吨，占当年粮食进口量的40%；2000年，大豆进口量突破1000万吨，达到1042万吨，占当年粮食进口量的77%；2001年，大豆进口量为1394万吨，占当年粮食进口量的85%；2003年，大豆进口量突破2000万吨，达到2074万吨，占当年粮食进口量的91%。

第四阶段（2004—2022年），我国粮食贸易已经稳居净进口地位，而且进口规模越来越大。2004—2009年，粮食净进口量维持在2000万~5000万吨；2010年，净进口量猛增至6420万吨；2011年净进口量略有下降。此后，我国粮食净进口量整体呈增加趋势，自2015年起，粮食净进口量每年均超过1亿吨。2017年，我国提出"适度进口"和"供给侧结构性改革"政策，2018年和2019年粮食净进口略有下降，随后在2021年达到新高，为1.61亿吨，年增长率为15.93%。2022年，粮食净进口量为1.44亿吨。

与此同时，该阶段粮食进出口品类也发生了变化。从谷物来看，2004—2008年，这一时期表现为净出口，尤其2008年谷物出口量和进口量基本持平。2009—2022年，谷物贸易表现为净进口，其中2009—2015年整体呈上升趋势，2016—2022年净进口量波动较大。同样受政策影响，2018年和2019年，谷物净进口量保持与粮食净进口量同步下降趋势，随后在2021年达到历年最高值6284万吨，同比增长89.11%。2022年，谷物净进口量为5085万吨。从大豆来看，2004—2022年，大豆贸易一直表现为净进口。其中，2004—2017年，大豆净进口量整体呈上升趋势，2017年达到9542万吨。2018年、2019年大豆净进口略有下降，随后在2020年净进口量首次突破1亿吨。2021年和2022年，大豆净进口量分别为9645万吨和9096万吨。具体来看，大豆年均出口量23万吨；大豆进口量始终维持较高水平，由2004年的2023万吨一路飙升至2022年的9108万吨，2020年达到新高。我国大豆主要来源于美国进口，中美贸易摩擦使得我国大豆进口量有一定下降，2021年和2022年，大豆进口量分别为9652万吨和9108万吨。

总的来看，近年来我国粮食进口增长主要表现为大豆进口的大幅增加。其主要原因是，国内生产难以满足大豆消费需求，在这种情况下，增加进口是利用国外资源与市场的现实选择与必然结果。

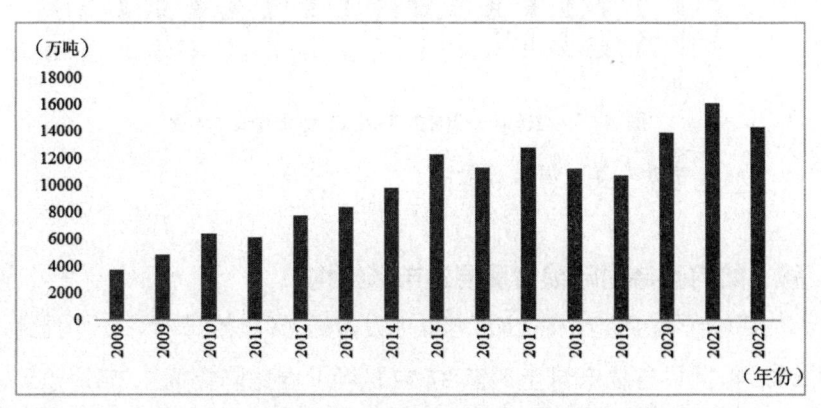

图4-1　2008—2022年我国粮食净进口量

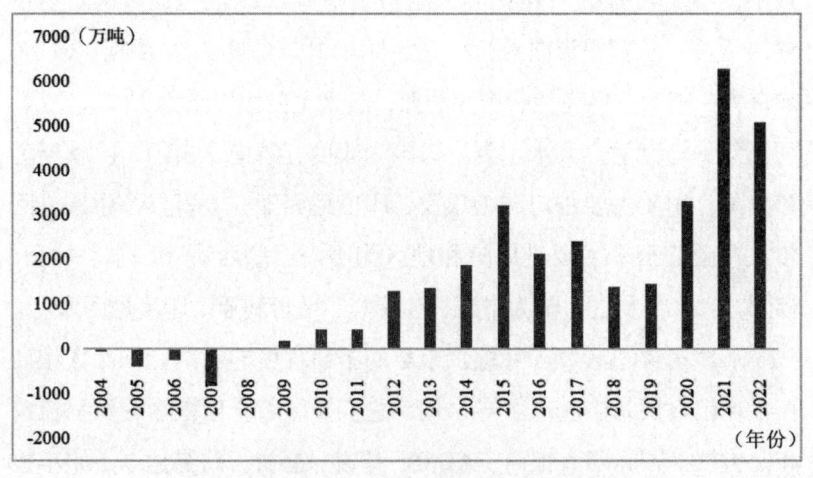

图4-2　2004—2022年我国谷物净进口量

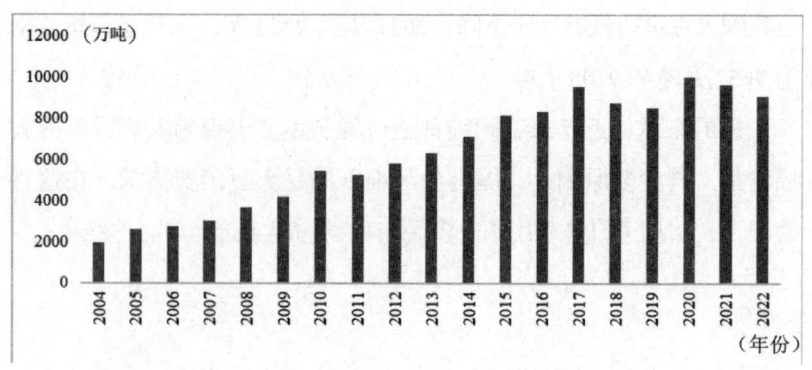

图 4-3　2004—2022 年我国大豆净进口量

以上数据来源：海关总署。

● 如何看待国际粮食贸易的市场结构？

联合国粮农组织在 2023 年 4 月发布的《谷物供求简报》中提到 2022 年世界谷物产量上调至 27.77 亿吨，同比降幅为 1.2%；预计 2022 至 2023 年度的世界谷物贸易量为 4.69 亿吨，同比收缩 2.7%。其中，小麦贸易量 1.99 亿吨，粗粮贸易量 2.17 亿吨，大米贸易量 5310 万吨。从贸易流向看，小麦主要出口国和地区为俄罗斯、欧盟、加拿大、美国、乌克兰、澳大利亚，玉米主要出口国为美国、巴西、阿根廷、乌克兰，大米主要出口国为印度、越南、泰国、巴基斯坦和美国；小麦主要进口国为埃及、印度尼西亚、土耳其、中国、阿尔及利亚，玉米主要进口国和地区为中国、墨西哥、日本、欧盟、韩国，大米主要进口国为中国、菲律宾、尼日利亚、印度尼西亚。

从贸易渠道看，国际粮食市场的垄断程度非常高，国际大粮商在全球粮食贸易中起着主导作用，它们操纵着全球粮食的贸易流向和定价权。国际四大粮商（ADM、邦吉、嘉吉、路易达孚）牢牢控制着世界粮食贸易体系，垄断了全球80%以上的粮食贸易量，控制了阿根廷、巴西和美国等重要产粮区以及全球的仓储和运输系统，掌握着从农资原料到粮食生产、加工和供应等全产业链各环节的主导权与定价权。2023年，国际大粮商嘉吉、路易达孚、维特拉相继表示，7月份停止从俄罗斯采购粮食。作为全球最大的小麦出口国，俄罗斯的粮食对全球农作物贸易和供应至关重要。国际大粮商加速撤离俄罗斯意味着全球粮食供应风险上升，特别是小麦供应的不确定性增加。这进一步警示人们，要坚决反对将粮食武器化，确保全球粮食产业链供应链的稳定性，维护世界粮食安全。

● 我国粮食进口贸易有什么特点？

从贸易规模来看，自2004年我国入世后的"调整磨合期"结束以后，我国粮食贸易由贸易顺差转变为贸易逆差，且粮食进口远大于出口；粮食进口量和出口量整体呈上升趋势，但进口量上升趋势大于出口量。

从品种结构来看，20世纪80年代至90年代中期，我国粮食最主要的进口产品为小麦。2001年，我国加入WTO，对小麦、玉米、大米实行进口关税配额管理，其后三大谷物品种进口量始终保持在2000多万吨的配额总量之内。2007—2008年全球粮食危机，我国谷物进口量一度降至200万吨以内的历史低位。与此同时，随着居民收入水平的提高，粮食消费结构升级，肉蛋奶等食物消费需求增加，大豆等油料以及玉米、高粱、大麦等饲料用粮进口量大幅增加，口粮进口幅度相对较小。从主要粮食品种进口量占比情况来看，最显著的特征就是大豆占比较高，近10年（2013—2022年）大豆进口量占粮食进口量的均值为 70%，谷物进口比重不断上升，玉米、大米和小麦三大主粮净进口呈现常态化。

从市场分布来看，我国粮食进口国家集中度较高，但不同品种的集中程度和来源国家不同。大豆进口国主要是巴西、美国和阿根廷，每年从这三个国家进口的大豆占总量 95% 左右，进口量最大的是巴西。2022 年，我国从巴西进口大豆 5440 万吨，占进口大豆总量的 59.73%。小麦的进口国主要是美国、加拿大、法国、澳大利亚等国家。2021 年，我国从以上四国进口的小麦占总量的 96%。玉米进口主要集中在美国和乌克兰，两者合计占我国玉米进口总量的 90% 以上。此外，受俄乌冲突等因素影响，我国从乌克兰进口玉米数量大幅下降，与 2021 年相比，2022 年进口玉米减少 773 万吨，同比减少 27.3%。大米的进口来源国主要是印度、越南、巴基斯坦、缅甸和泰国，从这五个国家进口的大米占总进口的比例均在 20% 左右，分散程度高。

● 我国要不要扩大粮食贸易？

在我国要不要扩大粮食贸易这个问题上，存在两种不同的观点。一种观点认为，随着改革开放步伐的不断加快，我国的粮食生产状况和国际贸易环境发生了很大变化。我国的粮食进口量不断增加，对国际粮食市场的依赖度随之增加。这在满足国内粮食需求的同时，也对我国粮食安全产生了较大的影响。国内的粮食问题往往会引发一系列的社会问题，中国政府必须要坚持国内粮食基本自给自足，而不是过度依赖于进口粮食来满足国内的粮食需求。2008 年很多国家和地区都出现"粮食危机"，有的国家和地区甚至造成政治动乱。

2012年以来，全球不断发生的自然灾害造成很多粮食生产国粮食产量大幅降低，国际粮食市场上的粮食价格十分不稳定，对很多依靠粮食进口的国家和地区的社会稳定造成了很大影响。因此，粮食安全不能依赖于国际市场和国际贸易，要确保粮食基本自给。

另一种观点认为，扩大对国际粮食市场的利用，可以维护我国粮食供给总量的乐观期望，抹平短期粮食供给波动，提升粮食供给结构的合理程度，在不影响粮食安全保障水平的情况下提高粮食安全供给效率。最终，扩大对国际粮食市场的利用，有利于粮食安全可持续发展。由于水资源和耕地资源的硬约束，我国粮食生产并无比较优势，因此应当摒弃追逐过高粮食自给率的做法；同时，我国农业产业中仍有其他具备比较优势的产品。因此，在粮食安全中涉及农民利益方面，可以通过调整农产品生产和贸易结构来实现。在我国粮食安全的未来形势上，工业化程度不断加深引起的粮食需求不断增加，必然导致我国粮食生产和需求之间出现缺口，因而必然需要扩大利用世界粮食市场。世界粮食产量和贸易量的增速，都高于世界人口增速的趋势，这意味着我国有扩大利用国际粮食市场的外部环境。国内不断扩大的经济积累也将为更加深入利用国际粮食市场提供保障。

我国把粮食安全作为治国理政的头等大事，提出"确保谷物基本自给、口粮绝对安全"的新粮食安全观，实施以我为主、立足国内、确保产能、适度进口、科技支撑的国家粮食安全战略，为新时代牢牢端稳"中国饭碗"、牢牢把住粮食安全主动权指明了战略方向、提供了根本遵循。保障粮食安全，必须平衡利用好国际国内两个市场、两种资源。要坚决贯彻国家粮食安全新战略，把立足国内和适度进口作为保障国家粮食安全的两条重要途径。

● 什么是粮食结构性安全？

粮食结构性安全指的是，通过粮食国际贸易弥补国内短缺粮食品种供应缺口的一种粮食安全保障措施。粮食结构性安全对一国经济的持续发展和居民福利水平的提高具有非常重要的作用。从实际情况看，我国粮食价格的波动对粮食生产的影响远大于粮食生产对粮食价格的影响程度。粮食价格的变化幅度，会直接影响到国内粮食生产波动系数和粮食自给率。因此，通过粮食国际贸易调剂国内产需品种和数量余缺，避免了粮食价格大幅波动，可在一定程度上减少粮食不安全因素。

对于稻谷、小麦等库存较高的品种，近年来粮食储备体制机制不断完善，粮食储备充足，应坚持以调剂为主，适当增加优质品种进口；对于玉米及替代品等饲料粮，平衡好以玉米为主的饲料粮进口和肉类进口的关系，大力发展国内畜牧业，努力满足居民对动物性产品不断增长的需求；对于大豆，要大力实施大豆和油料产能提升工程，逐步降低大豆和食用植物油的对外依存度，防范国际大豆市场的供给增减和价格波动带来的冲击，逐步打造我国粮食进口贸易的合理局面。

● 我国为什么要利用好国际粮食市场？

不放松国内粮食生产，确保城乡居民消费的谷物基本自给和口粮绝对安全，这是我们合理利用国内农业资源能够做到的，是保障国家粮食安全所必需的，但这并不意味着我国所有粮食和食物都应该基本自给。实际上，仅仅局限于国内农业资源来满足我国城乡居民日益增长的粮食和其他食物消费需求，既做不到，也没必要。我国人多地少以及土地细碎化的事实，表明我国在耕地密集型的粮食生产方面并不具备竞争优势。通过适度的粮食进口，可以降低我国的粮食安全成本。我国的粮食安全模式需要由自给自足转移到"生产与进口相结合"的复合模式中来。

适度进口粮食，优化粮食和农产品进口结构，集中国内有限资源，依靠科技支撑，保障最重要的粮食品种生产，特别是口粮和其他谷物生产，不仅可以更好地满足国内粮食消费需求，而且可以缓解国内资源环境压力，更有条件生产优质安全农产品，也不会威胁全球粮食供应。首先，粮食国际贸易有利于平衡粮食供需总量。国际贸易是维持一国粮食总量平衡的重要手段。我国粮食供给总体上可达到自给目标，但存在一定的波动性。因此，利用粮食国际贸易可以减少国内粮食供需波动，调剂产需余缺。其次，粮食国际贸易有利于促进结构性安全，粮食结构性安全对一国经济的持续发展和居民福利水平的提高具有非常重要的作用。通过粮食国际贸易，可以弥补国内短缺粮食品种供应缺口，增加优质粮市场供给，提高居民粮食消费福利水平，形成对农户种植优质粮的利益诱导，以需求拉动粮食种植和结构的调整，促进粮食生产结构调整和产业升级。最后，粮食贸易有利于稳定国内粮食价格。粮食价格稳定直接影响到粮食产出和居民购买力水平。

我国需要进一步探索如何利用国内国外两种资源和统筹国内国际两个市场。不过，我国必须把粮食进口规模控制在适度范围内，否则粮食进口风险就可能失控。如果盲目地过度依赖进口，别说国际市场上是否有足够的粮食稳定地供给我国消费，单就运输能力而言在技术上也是不可行的，更何况中国粮食在短期内突然大规模进口所引起的国际粮价波动和全球粮食安全的恐慌，都是难以想象的。

◉ 如何看待粮食的自给率与进口量的关系？

粮食自给率是指一国或地区在一定时间内粮食总产量与总需求量的百分比，自给率水平标志着国家保障本国粮食安全的能力。粮食进口量体现的是一国的贸易依存度，即进口量与总需求量的百分比。粮食自给率能反映出一国粮食供求的中长期趋势，而粮食进口量往往会跟随国内外价差、汇率波动、年度供求等短期因素的变动而变动。可见，粮食自给率与进口量是两个不同性质的指标。

◉ 什么是虚拟耕地？

虚拟耕地的概念源于虚拟水的概念。虚拟水（virtual water）最初由英国学者 Tony Allan 于 1993 年提出，是指生产和服务过程中所耗费的水资源数量，也被称为"嵌入水"或"外生水"。此后，国内外学者开始将"虚拟水"的研究方法运用到土地资源的配置和利用中，提出了虚拟土地、虚拟耕地、虚拟耕地贸易、虚拟耕地资源、虚拟耕地战略等概念。虚拟耕地具体指的是国际贸易中体现的耕地资源，即以虚拟耕地的形式进口或出口耕地资源。虚拟耕地的计算方法主要有两种：一是从生产者的角度将虚拟耕地定义为在产品生产地生产这种产品所实际使用的耕地资源数量；二是从消费者的角度将虚拟耕地定义为在消费地生产同质产品所需要的耕地资源数量。

为确保粮食安全，耕地资源短缺的国家可以通过贸易的方式，从耕地资源丰富的国家购买粮食以弥补国内耕地的不足。进口粮食，实际上是以虚拟耕地的方式进口了耕地资源。对我国而言，进口虚拟耕地，缓解国内耕地资源的紧张，对于确保粮食安全和维护生态环境的可持续发展有着非常重要的现实意义。曹冲等研究了虚拟耕地资源对于农业经济增长作用机理和"尾效"效应，结果表明，我国主要农产品虚拟耕地资源的进口和出口对于农业经济增长均表现为"增长红利"，但我国农业经济增长对要素的投入更偏向于虚拟耕地资源进口；虚拟耕地资源出口对农业经济增长的依赖程度较弱，人地矛盾激烈，而虚拟耕地资源进口对农业经济增长的依赖程度较高，人地矛盾缓和。

● 我国为什么要实施粮食进口来源多元化？

民以食为天。粮食安全是关系国计民生的头等大事，是国家安全的基础，也是国际社会长期面临的挑战。多年来，我国一直坚持立足自身保粮食安全，饭碗里必须主要装自己生产的粮食。目前，我国实现了谷物基本自给、口粮绝对安全的粮食安全目标。然而，粮食供求结构性矛盾仍然存在，如优质小麦和大米供给不足，玉米存在产需缺口，大豆自给率不足 20%。因此，需要通过进口调剂余缺，优化供给结构，从更高层次上提升国家粮食安全的整体水平。

值得关注的是，我国粮食进口领域来源地过于集中在美国及与美国关系密切的加拿大、澳大利亚、乌克兰等国，一旦其实施变相加价，将影响我国国内粮食市场的供求。因此，我国粮食要构建多元化进口格局，逐步改变进口来源国相对单一、容易受制于出口国政策变化和产量变化的国际贸易格局，通过市场方式避免国内粮食市场受到全球粮价的冲击。同时，既要避免出现我国进口什么，什么就涨价的"大国效应"，也要防止大量进口损害国内粮食产业安全。2022年以来，我国相继开放缅甸玉米和巴西玉米进口，允许俄罗斯全境小麦进口，解除加拿大油菜籽进口，寻找多元化的替代粮源，进一步保障粮食进口安全。在大豆进口方面，我国不断拓展大豆进口来源地，俄罗斯、乌克兰、哈萨克斯坦、埃塞俄比亚等国家也成为我国大豆重要进口来源地。

● **为什么我国在粮食增产的同时进口量也在增加？**

近年来，在粮食连续增产、粮食产量不断创出新高的同时，我国的粮食进口量同比也有所增加，出现这种现象主要有两个原因：一是国内需求增长较快，二是国内外粮价倒挂。国内需求增长较快是粮食进口增长的主要原因。我国稻谷和小麦等口粮产量库存充足，但优质强筋小麦、玉米、大豆等作物产量不足，供需趋紧。尤其随着我国城镇化发展和老龄化加速，粮食消费需求呈健康化、多样化新趋势，居民对肉蛋奶及水产品的消费增长将带动饲料用粮需求增加，只有通过进口平衡供给缺口。国内外粮价倒挂是粮食进口增长的又一个重要原因。相比欧美国家家庭农场几十公顷、几百公顷的规模，我国粮食生产的规模化和组织化程度不够高，国内粮食在价格上没有太多竞争优势，导致国外廉价的粮食大举进入我国。

● **我国粮食企业如何才能顺利地"走出去"？**

早在1995年，我国就提出过农业"走出去"的研究构想。2007

年中央一号文件正式提出，要加快实施农业"走出去"战略。2020年以来，中央一号文件多次强调，要构建农业对外开放新格局，创造良好农产品国际贸易环境。粮食领域的"走出去"就是要在现有基础上更加深入开展对外合作交流，特别是要进一步加大国内粮食企业"走出去"的力度，在合理利用国际国内两种资源两个市场的过程中，提升我国粮食安全的保障能力和促进世界粮食安全状况的不断改善。帮助粮食企业"走出去"，对保障国家粮食安全、构建国内国际双循环新发展格局具有重大意义。

一是积极支持粮食企业"走出去"，努力提升利用国外资源和国际市场的空间与能力。支持我国有条件有能力的粮食企业开展跨国经营，着力培育与打造具有国际竞争力的大粮商，重点在农产品加工、仓储、物流、装备制造等产业链关键环节上加大投入、加速布局，逐步形成内外联动、产销衔接、优势互补、相互促进的发展格局。同时，粮食企业"走出去"成长为跨国粮商，积极参与国际粮食贸易，可帮助我国获得粮食贸易的定价权。近年来，中粮集团、北大荒、首农集团等国内大型粮油企业纷纷"走出去"，在与国际大国粮商的同台竞争中不断提升竞争能力，特别是中粮集团，目前已经成长为全球第五大粮商，在巴西、阿根廷、黑海地区和印度尼西亚等粮食核心产区构建起多元化进口格局，建立了超过我国进口粮食贸易量一倍以上的全球贸易能力，在国际粮食市场的话语权明显增强。今后国家要进一步加大政策的引导扶持，鼓励有条件的企业"走出去"，不断增强统筹利用国际国内两种资源两个市场的主动权，努力抢占农业特别是粮食领域国际竞争的制高点。

二是深化与共建"一带一路"国家的粮食经贸合作关系，共同打造国际粮食合作新平台。从资源禀赋和科技装备看，我国与"一带一路"沿线国家在农业发展和贸易方面互补性很强，农业合作有很大的空间。在资金技术上，"一带一路"沿线遍布发展中国家，受资金和技术等多方面因素制约，无论是农业劳动生产率还是土地产出率普遍较低。我国拥有杂交水稻、节水灌溉等众多先进的农业技术，能够帮助沿线国家提高农业发展水平。在土地资源上，"一带一路"沿线分布大量地广人稀的国家，很多国家水土资源充足、农业特色明显，是全球农业用地分布比较集中的地区。我国农业劳动力资源丰富，但人均耕地面积远低于世界平均水平，适合发展劳动密集型农业，与沿线国家开展合作具有很大潜力。未来，我国要以"一带一路"建设为契机，深化农产品贸易和农业对外合作，聚焦重点区域、重点产品和主要国家，完善贸易政策，进一步拓展进口的来源渠道，推动共建"一带一路"农产品贸易通道，合作开展运输、仓储等农产品贸易基础设施一体化建设，提升贸易便利化水平，扩大贸易规模，拓展贸易范围。同时，鼓励建设多元稳定的"一带一路"农产品贸易渠道，发展农产品跨境电子商务。

当然，我国粮食企业"走出去"也会面临一些风险。除了市场风险外，东道国的政策调整或者政治和社会环境出现不稳定，以及东道国与我国之间政治、经济、安全等方面的关系发生变化，都会给"走出去"的粮食企业带来影响。此外，一些世界政治经济秩序的既得利益者担忧中国崛起将削弱他们的经济、政治影响力，可能会对我国粮食企业的海外投资进行阻挠，这也会让我国企业在海外投资过程中遭遇比其他国家企业更多的审查和限制。当然，这种政治风险并不是指粮食企业所遭受的实质性经济损失，而是导致经济损失的可能性。

  出于稳健的考虑，我国粮食企业"走出去"需要加强对外投资战略布局：一是与东道国政府签订租用土地的长期协议，在协议范围内进行粮食生产。二是以我国政府在东道国的农业技术示范点为依托，逐步扩大在东道国的农业示范区面积，并最终转为商贸性质的农业区，如我国中垦集团在一些非洲国家进行的投资。三是进行全方位农业投资，涉及粮食生产、仓储及运输等产业链环节，如中粮与非洲一些国家在战略合作协议下的长期投资活动。四是控制投资中的关键技术和关键环节，如品牌与销售市场。五是尽量在东道国当地筹集资本，或者与东道国企业建立合营公司进行投资。

粮食

第五编 我国粮食安全面临的挑战

● 如何看待粮食金融化？

"粮食金融化"的概念是在 2006 年国际粮价频繁剧烈波动，2008 年金融危机加剧粮食价格波动的背景下提出的。粮食价格波动导致金融投机活动转向大宗商品，粮食市场与期货市场、货币市场、外汇市场、衍生品市场的交互作用发展形成多元的金融体系，使得粮食市场表现出"金融化"趋势。

粮食金融化对粮食价格的影响具有两面性，其中的不利因素对粮食安全造成了极大威胁。从有利方面看，粮食金融化可以为粮食价格提供发现与风险对冲的功能，使粮食价格更加透明，从而提升粮食企业掌控相关金融风险的能力；从不利方面看，随着粮食金融化的增强，粮食期货市场对粮食价格波动的影响进一步加强，增加了粮食价格波动方向的不确定性，导致粮食安全问题更加严峻。近年来，随着金融及金融衍生品不断向粮食市场渗透，粮食商品的金融属性逐步增强，加之粮食市场投资炒作增加，致使粮食价格、粮价波动脱离传统供求关系的影响，与投入市场资金量的大小关系越来越密切。

粮食金融化通过影响粮食价格的波动影响粮食安全。对于那些粮食单品进口依存度过高，而外汇支付能力又相对比较低的发展中国家而言，它们的农田在很大程度上被跨国公司以追求国际市场上的价格为目标来推进结构调整，在粮食进口占比过高的情况下，当粮价大幅度上涨，这些国家就出现了本国不该出现的粮荒。国家的农业结构被国际市场控制，尤其是被跨国公司控制，这些国家的粮食在金融化的影响之下，粮价大幅上涨，从而造成了粮食安全问题严峻，最终演化成了社会危机，产生粮食安全问题。

粮食金融化改变了粮食价格的决定机制，进一步放大了粮食价格的波动性，对我国粮食安全、粮食国际贸易和金融发展都有一定的冲击。与此同时，粮食金融化也带来了重构我国粮食价值链、发展微观金融的契机。我国应该正视粮食金融化的大趋势，积极谋划参与其中，将之变成我国相关产业发展和金融竞争力提升的有效触发点。

● 什么是耕地红线？

耕地红线，指经常进行耕种的土地面积最低值。它是一个具有低限含义的数字，有国家耕地红线和地方耕地红线之分。我国严格划定耕地和永久基本农田保护红线，落实耕地保护优先序。在"国土三调"成果基础上，自然资源部会同有关部门联合编制《全国国土空间规划纲要（2021—2035年）》，先行在我国5省按照耕地和永久基本农田红线、生态保护红线和城镇开发边界的优先序开展了"三区三线"划定试点。确立2035年耕地保有量和永久基本农田保护目标任务，明确除6种情形外，所有现状耕地必须全部划入耕地保护红线。同时，将耕地保有量和永久基本农田保护任务足额带位置分解下达，做到优先划定、应划尽划、应保尽保。

近年来，我国耕地保护工作取得了明显成效。第三次全国国土调查结果显示，2019年底，我国耕地面积为19.18亿亩，已超出国务院确定的2030年耕地保有量18.25亿亩的目标。尤其近两年来，耕地减少的势头得到初步的遏制，全国耕地总量实现净增加。

◉ 什么是粮食风险基金？

在国发〔1994〕31号《粮食风险基金实施意见》中，第一次明确提出要建立粮食风险基金制度。该基金是国务院批准设立，由中央财政与地方政府共同安排，主要用于地方政府支持粮食储备、维护粮食流通秩序、稳定粮食市场等的调控专项资金。粮食风险基金作为我国粮油宏观调控的一项基本制度，有效促进了粮食流通市场稳定和国家粮食安全。为切实减轻粮食主产区财政负担，促进国家粮食安全，2009年中央一号文件明确提出，逐步取消主产区粮食风险基金配套。全面取消粮食主产区粮食风险基金地方配套后，粮食主产区粮食风险基金全部由中央财政补助，该举措充分调动了粮食主产区政府重农抓粮积极性，更好地促进国家粮食安全。

为进一步规范和加强粮食风险基金管理，提高资金使用效益，财政部等4部门于2022年3月制定了《粮食风险基金管理办法》。该办法明确了粮食风险基金主要用于以下方面：（1）地方储备粮油利息、费用补贴；（2）1998年6月份以来发生的并在2013年前报经国务院批准认定的粮食政策性财务挂账利息补贴；（3）按照党中央、国务院有关决策部署，明确允许从粮食风险基金中列支的超标粮食收购处置费用等支出；（4）按上述规定用途使用后，粮食风险基金仍有结余的，可用于按规定消化粮食政策性财务挂账、加强粮食应急供应保障体系建设、发展城市小包装成品粮油、支持仓储设施建设等粮食方面的支出。同时，不得在粮食风险基金中列支非粮食方面的支出。

● 为什么说粮食质量安全要严控每个环节？

联合国发布的《2022年全球粮食危机报告》显示，2021年，53个国家和地区约1.93亿人经历了严重的粮食危机，需要紧急粮食援助和生计支持的人数继续以惊人的速度增长。在受粮食危机影响的国家，营养不良仍然处于严重水平，其形成原因十分复杂，包括严重粮食不安全导致的低质量食物和不良儿童喂养方式导致的儿童疾病的高发率，以及难以获得卫生设施、饮用水和医疗保健。此前发布的《2017年全球粮食危机报告》指出，粮食安全的保障，不仅重在生产阶段的增产，也在于粮食存储、运输、加工等诸多环节。

一直以来，我们在考虑粮食安全时，把目光更多地放在粮食产量上，而忽视了粮食价格、流通、质量等其他关键因素。粮食安全，不仅仅要数量安全，更要注重质量安全。粮食是食品的源头，是最基本的食品，也是生产加工其他食品的基本原料，因此，粮食质量安全是整个食品安全的源头和基础。而保证粮食质量安全，要靠优良的农业生态环境、规范的仓储运输过程、卫生的加工方式作保障。提高粮食质量安全保障能力，需健全粮食质量安全监管监测体制机制，加强粮食标准体系建设，对粮食这一特殊商品的质量管理每一个环节都不能忽视。

● 如何看待转基因粮食？

转基因粮食是利用现代分子生物技术，将某些生物的基因转移到其他物种中去，改造生物的遗传物质，使其在性状、营养品质、消费品质等方面向人们所需要的目标转变。转基因生物直接食用，或者作为加工原料生产的食品，统称为"转基因粮食"。转基因粮食可分为植物性转基因粮食、转基因微生物粮食和转基因特殊粮食三类。

自1996年转基因作物商业化以来,全球29个国家和地区批准种植,种类从转基因大豆、棉花、玉米、油菜拓展到马铃薯、苹果、苜蓿等30多种植物,累计种植400多亿亩。在已批准商业种植的主要国家,转基因作物种植比例已接近饱和(全球范围内主要转基因农作物种植比例:棉花79%,大豆74%,玉米31%,油菜27%)。我国是较早开展农业转基因研发工作的国家之一。20世纪80年代以来,"863""973"计划先后对棉花、水稻、大豆等转基因研发工作进行部署。2008年,国家启动农业领域唯一的科技重大专项——转基因生物新品种培育重大专项,农业转基因研发进入快速发展期。我国转基因产品种类不断丰富,抗虫大豆、耐旱玉米、抗虫水稻、耐旱小麦、抗蓝耳病猪等已形成梯次储备。但大豆、玉米以及部分种源仍依赖进口,种业"卡脖子"问题亟待解决。近年来,党中央、国务院发布一系列重要文件,实施重大专项支持,将以生物新品种培育为重点的转基因生物育种研发作为战略性项目大力发展。2023年中央一号文件指出,全面实施生物育种重大项目,加快培育高产高油大豆、短生育期油菜、耐盐碱作物等新品种,加快玉米、大豆生物育种产业化步伐。

关于转基因粮食是否安全,中国工程院院士吴孔明指出,通过安全评价依法批准上市的转基因食品是安全的,与传统食品同等安全。从科学角度看,转基因产品上市前需要经过食用的毒性、致敏性评估,以及对基因漂移、遗传稳定性、生存竞争能力、生物多样性等环境生态影响的安全性评价。从国际上看,经济合作与发展组织、世界卫生组织和联合国粮农组织在充分研究后得出结论，目前上市的转基因食品都是安全的。从应用实践上看，自 1996 年转基因作物商业化种植以来，全球 70 多个国家和地区几十亿人口食用转基因农产品，没有发生过一例经过科学证实的安全性问题。

● 城镇化与粮食安全有何关系？

在城镇化的进程中保障粮食安全是一个系统工程，城镇化的扩张进程会导致要素资源与农户种粮行为模式的变化，对粮食生产的规模和结构产生较大影响。传统观点认为，伴随着城镇化程度的提高，耕地会被大量占用，从而对粮食安全构成重大风险。但是，浙江大学、香港城市大学等团队于 2021 年在国际学术期刊《自然－食品》（*Nature Food*）发表的题为 "Urbanization can benefit agricultural production with large-scale farming in China"（城市化促进中国农业规模化经营）的论文研究结论和上述传统观点正好相反，认为城市化有释放土地用于作物生产的潜力，城乡一体化的城市化发展反而有利于粮食安全和环境保护。当然，论文强调，虽然城市化可以通过释放农村土地和增加产量来潜在提高作物产量，但它仍依赖于将农村建设用地复垦用于作物生产和采用更有效的技术和管理做法的可行性和成功可能。

此外，城镇化也是倒逼粮食种植结构优化、要素投入结构调整等农业活动更高效运行的契机。随着城乡居民人均可支配收入提高，生活质量的改善，居民膳食结构逐步由"单一化"向"多元化"转变，具体体现为谷物类食物已不是最大支出，肉蛋奶等食品的消费量急剧上升。也就是说，要满足居民对肉蛋奶类食品的饮食需求，需要消耗更多的谷物初级粮食，间接导致了粮食消费量增加。因此，我们需要全面审视城镇化与粮食生产的协调关系，科学合理规划城乡土地利用结构，提高粮食生产效率。在保证现有耕地的基础上，鼓励农户提高复种指数，合理配置种植结构，在保证耕地质量的同时充分挖掘耕地利用潜力。

⦿ 如何减少粮食的损耗与浪费？

联合国粮农组织将食物损失按照客观与主观的标准，划分为食物损耗与浪费。其中食物损耗是指食物在生产、收获后处理、贮藏、加工、流通等环节由于人为、技术、设备等因素造成的食物损失，而食物浪费是由于消费者的主观因素发生在消费端的食物浪费。农业农村部食物与营养发展研究所近期一项研究揭示，每年我国蔬菜、水果、水产品、粮食、肉类、奶类、蛋类七大类食物按重量加权平均损耗和浪费率合计 22.7%，约 4.6 亿吨，其中生产流通环节食物损耗 3 亿吨。

粮食损耗主要发生在生产、储存、运输和加工等环节。在生产环节，存在播种粗放、采收不精、管理打折，造成粮食损耗率较高。研究发现，机械收割粮食环节损耗率最低可以控制在 1.9%，但个别地区玉米机收总损耗率高达 10%。在储存环节，一些粮食企业储粮设施陈旧老化，通风、温控等设施配备不足，发霉和虫蛀时有发生。而农户方面因技术滞后、方法简单和仓储设施条件差损耗的粮食较多。在运输环节，我国粮食流通"四散化"（散装、散卸、散存和散运）情况严重，且物流方式较落后，存在多次包装、拆卸，在运输过程中易遭受雨水、撒漏、污染等影响，致使运输环节的粮食损耗明显。在加工阶段，我国粮食加工业存在过度加工的问题，片面追求"精、细、白"，导致粮食加工环节损耗严重。

粮食浪费主要发生在消费环节。据专家推算，我国消费者仅在中等规模以上餐馆的餐饮消费中，每年最少倒掉约2亿人一年的食物或口粮；全国各类学校、单位规模以上集体食堂每年至少倒掉了可养活3000万人一年的食物；我国个人和家庭每年可能浪费约110亿斤粮食，相当于1500万人一年的口粮。2023年，清华大学环境学院、中国连锁经营协会和美团"青山计划"三方联合发布的《中国餐饮行业减少食物浪费路径量化评估研究》报告显示，我国食物浪费水平已有所下降，家庭就餐和外卖就餐的浪费程度相对较低，其次是食堂就餐和餐厅就餐。

2021年，中共中央办公厅、国务院办公厅印发了《粮食节约行动方案》。在降低粮食损耗方面，一是强化农业生产环节节约减损，推进农业节约用种和减少田间地头收获损耗；二是加强粮食储存环节减损，改善粮食产后烘干条件、支持引导农户科学储粮和推进仓储设施节约减损；三是加强粮食运输环节减损保障，完善运输基础设施和装备、健全农村粮食物流服务网络和开展物流标准化示范；四是加快推进粮食加工环节节粮减损，提高粮油加工转化率、加强饲料粮减量替代和加强粮食资源综合利用。在减少粮食浪费方面，提出要加强餐饮行业经营行为管理、落实单位食堂反食品浪费管理责任、加强公务活动用餐节约、建立健全学校餐饮节约管理长效机制、减少家庭和个人食品浪费等针对性措施。

为什么要控制化肥的过量施用？

正常情况下，粮食产量 70%~80% 应靠基础地力，20%~30% 靠水肥投入，而我国的耕地基础地力对粮食产量的贡献率仅为 50%。由于种植业比较效益低，农民既缺乏能力也不愿在养地方面加大投入，虽然知道过多使用化肥会降低农田质量、污染水源，但为追求产量，大多数农户依然增加化肥使用量。《中国能源报》发表的数据显示，我国的耕地面积仅占有世界耕地面积的 7%，使用化肥的量却占到了全世界的 1/3，单位面积用量是世界平均水平的 3.7 倍。

现代集约化农业生产中，化肥替代传统有机肥已成为普遍现象，但长期过量施用化肥会造成土壤酸化、土壤养分不均衡，制约农作物的稳产和增产。目前，东北黑土区 pH 值在 5.5~6.5 的耕地占 46.89%。黑土酸化导致土壤质量下降，土壤有益微生物活性降低，作物生长发育受限，土壤重金属的活性增加，最终影响作物产量和品质。

在欧美国家，为保持土壤肥力，往往采取休耕措施。在日本，为提高粮食品质和保护环境安全，有意减少化肥施用量，让土地休养生息。我国粮食生产不能只注重产量而不顾土壤肥力和环境，需要优化耕作制度，推广应用少耕免耕秸秆覆盖还田、秸秆碎混翻压还田等不同方式的保护性耕作，实施测土配方施肥和有机肥还田，开展深松深耕，推行粮豆轮作等。

我国粮食安全领域存在哪些重大关系？如何处理好这些关系？

中国农业风险管理研究会会长张红宇提出，在粮食安全领域，存在主产区、主销区与产销平衡区粮食生产的关系，粮食生产与其他农产品生产的关系，土地规模经营和服务规模经营的关系，农业产出与农民增收的关系，粮食安全与对外开放的关系，行政措施与经济手段的关系。

处理好主产区、主销区与产销平衡区粮食生产的关系。粮食产出要"上不封顶，下要托底"，即主产区生产越多越好，主销区要设红线，保基本自给率，促使自给率不断提升要有硬要求，确保粮食种植面积不减少、产能有提升、产量不下降。同时，不断挖掘产销平衡区的生产能力，缩小与主产区的产能差异，全面提升粮食综合生产能力。

处理好粮食生产与其他农产品生产的关系。保粮食产出，也要兼顾其他农产品产出，要总量，也要效益。要因地制宜，发挥比较优势。山水林田湖草沙，粮棉油糖肉菜果，要有优先序，粮食为重，兼顾其他，统筹布局米袋子和菜篮子，兼顾粮食以及特色农产品供给。统筹农产品生产和农产品加工，粮头食尾、农头工尾，实现经济效益和生态效益的双赢。

处理好土地规模经营和服务规模经营的关系。粮食生产有没有效益，并非产业问题，而是经营规模问题。当前，小农户仍是我国粮食生产的主体，要通过土地托管、半托管的形式为千家万户小农户提供社会化服务，形成服务规模经营；培育家庭农场、农民合作社、农业企业等多种农业新型经营主体，通过土地流转，积极发展粮食生产的规模化经营。形成粮食生产土地规模和服务规模并存的格局，提高粮食生产的劳动生产效率和土地产出效率。

处理好农业产出与农民增收的关系。进一步促进农村劳动力分工分业，促使较少的农业从业者生产更多的粮食，增加种粮农民的规模收入。让更多的农业从业者从事资本密集、劳动密集、技术密集的特色产业，形成从事粮食生产靠规模生产增加收入，从事畜禽、水产和园艺性等特色产业靠提升效率和竞争力增加收入的格局。以粮食生产为基，多种产业竞相发展，全面增加农业从业者收入。

处理好粮食安全与对外开放的关系。在复杂多变的外部环境下，要坚守底线，坚持水稻、小麦等口粮的绝对自给。与此同时，坚持对外开放的方略毫不动摇，最大化开辟国际资源、国际市场，确保多元化农产品的充分供给，保障城乡居民对农产品的多元化消费。

处理好行政措施与经济手段的关系。保障粮食主产区、主销区和产销平衡区的粮食生产主体责任的行政措施要落实到位，促使地方抓粮促粮主动性明显增强，保质量、保产量、保面积扎实推进。从长期来看，综合运用好行政措施和经济手段保障粮食生产，增加种粮农民收入，保护地方增产粮食积极性，确保粮食和重要农产品生产供给有坚实基础。

◉ 农业强国视域下我国粮食安全面临哪些挑战？

粮食安全是"国之大者"。习近平总书记强调，保障粮食和重要农产品稳定安全供给始终是建设农业强国的头等大事。农产品供给保障能力强，也就是粮食安全保障能力强，这是建设农业强国的首要目标和底线任务，也彰显了粮食安全的极端重要性。当前，我国粮食安全形势总体较好，粮食产量稳步提升。但从长远看，我国粮食供求紧平衡的趋势不会变，保障国家粮食安全的压力不会减。尤其对标世界农业强国的粮食安全体系，我国粮食安全仍面临很大挑战。

农业资源环境约束趋紧。近年来我国粮食生产面临的耕地资源和水资源约束持续加大，严重制约我国粮食生产。我国的耕地整体质量不高，以中低田为主；耕地沙化荒漠化、酸化盐碱化加剧，耕地退化愈发严重。除此之外，水土流失、化学投入品过量施用、耕地连续高强度利用等导致耕地质量持续下降。我国是严重干旱的缺水国家，水资源人均占有量较低，水资源空间分布不均，且农田水利配套不完备等使粮食生产抗灾减灾能力面临巨大挑战。

粮食总量缺口大，单产提高难度大。当前，我国口粮供给已经绝对安全，自给率接近99%。但我国粮食总量不足、结构性矛盾突出，大豆和油料的自给率分别仅为15%和30%，食物隐形自给率在70%左右。受种子产业发展缓慢、耕地质量不高、粮食生产规模化和机械化水平不高等影响，我国粮食作物单产相比国际农业强国存在较大差距。根据FAO的数据，2020年我国稻谷单产仅为澳大利亚的70.22%；玉米单产仅为以色列的32.87%；大豆的单产仅为美国的58.58%。

农户种粮比较效益低。2012—2021年，我国三大主粮（稻谷、小麦、玉米）的成本利润率的均值仅为3.4%，粮食种植的经济效益远远低于种植蔬菜和水果。种粮比较效益低导致农户种粮积极性下降，农村劳动力大量外流，部分种粮地区出现了不同程度的耕地撂荒、复种指数人为下降等现象，耕地"非粮化"现象突出。

粮食损耗与浪费严重。我国农户存粮约占全国粮食年总产量的40%至50%，由于储粮设施简陋，储粮技术落后，抵御鼠害虫害粮食霉变的能力差，我国农户储粮环节损失高达8%。加上粮食仓储装卸运输抛撒遗漏、过度和粗放加工，每年造成的粮食损失超过3500万吨。餐饮消费环节的浪费问题同样突出，我国每年餐饮环节的粮食浪费在1800万吨左右，主要存在于商业餐饮、公共食堂和家庭饮食。

粮食进口不确定性增加。近年来，国际环境不稳定因素较多，粮食安全面临的外界风险加剧，诸如全球极端天气频发、疫情病毒肆虐、国际地缘政治格局不稳和粮食贸易保护主义加剧，等等，都给我国粮食安全带来了极大的不确定性。比如世界两大粮仓的俄乌之间发生冲突，粮食价格上升，多个港口封锁，对全球粮食贸易格局造成了严重冲击。中国作为世界粮食的主要进口国，粮食进口依存度不断增加，当下全球粮食贸易保护主义抬头，粮食贸易量收缩，我国粮食进口的不稳定性逐渐加大。

● **如何保障我国的粮食安全？**

随着国内居民消费不断升级，粮食需求仍在刚性增长，以及全球农产品贸易不确定性不稳定性明显增强，端牢饭碗的压力越来越大。中央农办主任、农业农村部部长唐仁健提出从目标、措施、政策保障等方面综合发力，全方位夯实粮食安全根基。

首先，在目标上重点是稳住面积、主攻单产、力争多增产。一是面积要稳住，这是粮食生产的基础。推动南方省份发展多熟制粮食生产，实施大豆玉米单产提升工程。同时加力扩种大豆油料，扎实推进大豆玉米带状复合种植，支持东北、黄淮海地区开展粮豆轮作，稳步开发利用盐碱地种植大豆。二是产能要提升。启动实施新一轮千亿斤粮食产能提升行动，集中必要资源力量和手段，努力推动粮食产能早日迈上新台阶。另外还要树立大食物观，分领域制定方案，加快构建多元化食物供给体系，丰富食物品种来源。

其次，在措施上重点强化藏粮于地、藏粮于技的物质基础。藏粮于地要强化基础设施建设。严守18亿亩耕地红线，坚决遏制耕地"非农化""非粮化"，加强高标准农田建设，提等升级耕地质量；藏粮于技要强化科技装备支撑。推动农业关键核心技术攻关，深入实施种业振兴行动，加快农业科技自立自强，聚焦提高单产，逐个品种拿出良田、良种、良法、良机、良制集成组装的综合性解决方案，向科技要产量、要产能。

最后，在政策上重点是健全农民种粮挣钱得利、地方抓粮担责尽义的机制保障。一是抓政策引导。健全种粮农民收益保障机制，继续提高小麦最低收购价，合理确定稻谷最低收购价，稳定稻谷补贴，完善玉米大豆生产者补贴，提高大豆补贴力度，推动扩大大豆政策性收储和市场化收购，逐步扩大稻谷、小麦、玉米完全成本保险和种植收入保险实施范围，完善农资保供稳价应对机制。同时还要健全主产区利益补偿机制，增加产粮大县的奖励资金规模。二是抓责任落实。把经国务院同意的粮食生产目标任务下达各省（区、市），分品种压实种植面积。严格省级党委和政府耕地保护和粮食安全责任制考核，以责任落实推动政策落实和工作落实。

粮食

第六编 国家粮食安全战略及政策

◉ 国家粮食安全战略提出的现实背景是什么？

粮食安全与能源安全、金融安全并称国家三大安全，且粮食安全更具有不可替代性。在 2013 年底召开的中央经济工作会议和中央农村工作会议上，习近平总书记明确提出了"以我为主、立足国内、确保产能、适度进口、科技支撑"的国家粮食安全战略。国家粮食安全战略的提出有其特定的背景，当时我国粮食安全面临新形势，具体表现在以下几个层面。

一是我国粮食供求品种结构出现新变化，迫切需要对粮食安全的概念及相关保障措施进行针对性的调整。尤其是要界定好粮食安全、谷物安全、口粮安全这三个概念。长期以来，在我国农作物产量统计上大豆被划至粮食类，而联合国粮农组织将大豆归类为油料，计算口径的差异会引发对中国粮食是否安全的分歧。粮食自给率是我国评价粮食安全的一个重要的衡量指标。"十一五"以来我国政府一直强调粮食自给率要达到 95% 以上，但把大豆核算进去，实际上我国粮食的自给率总体水平不足 90%，这主要是由于大豆进口快速增长造成的，我国从 1996 年开始进口 100 万吨大豆，至 2013 年大豆进口量达 6338 万吨。这与我们提出的粮食自给率在 95% 以上的目标相矛盾，因此，就有必要将粮食安全与谷物安全、口粮安全进行区分。习近平总书记当时把"谷物基本自给、口粮绝对安全"作为国家粮食安全战略的目标进行阐述，解决了我们在粮食供给保障能力认知上的一些困惑，同时对于相关的保障措施也具有重要指导意义。

二是新形势下如何正确看待和利用国内国际两种资源与两个市场，更加积极主动服务和融入新发展格局。自 2004 年以来，我国粮食贸易稳居净进口地位，而且进口规模越来越大，其中原因既有需求推动、品种调剂，也有国内粮价高于国际市场价格引发的利益驱动等因素。长期以来，对如何看待和利用国内国际两个市场问题存在不同的看法，大体分为两类：一种意见认为，解决中国的粮食问题完全只能依靠自己；另一种意见则认为，解决中国的粮食问题在主要依靠自己的同时，也要合理利用国际市场。鉴于我国在利用国际市场调剂粮食品种余缺方面出现的新情况，中央对此明确定调，一方面要"以我为主，立足国内"，另一方面也可"适度进口"。

三是我国的粮食产需仍维持紧平衡态势，粮食安全基础还不稳固，粮食安全形势依然严峻。即便是处于粮食安全最好的时期，我国人均粮食占有量也仅为发达国家的三分之一左右。同时，随着人们生活水平提高，以及我国每年大量的农业人口转移到城镇，需要消耗大量的肉蛋奶来满足生活需求，这就导致玉米等饲料用粮的需求大幅增长；食用油消费快速增长带来大豆进口激增。此外，粮食的用途不断多元化，使用粮食为原料的工业也越来越多，最突出的就是生物燃料。粮食需求呈刚性增长，紧平衡将是我国粮食安全的长期态势，什么时候都不能轻言粮食过关，对粮食安全始终要有危机意识，粮食生产年年要抓紧，通过"确保产能"来牢牢稳住粮食安全"压舱石"。

四是我国粮食生产与农业的发展方式需要从政策引导、体制创新、科技支撑等方面进行变革与完善，加快实现粮食生产与农业发展方式的转型。从生产环节来看，主要面临三大压力：一是国内粮食生产成本上升，国内粮食价格已经普遍高于国际市场价格；二是多年来拼资源、拼投入的粮食生产方式，使我国在粮食生产上已背上了沉重的生态压力，生态环境恶化与资源禀赋制约已成为粮食持续增产的两道紧箍咒；三是要保护好种粮农民的积极性，提高种粮收益，稳步提升我国粮食供给保障能力。从流通环节来看，在粮食贸易全球化、粮食购销市场化程度不断加深的背景下，国内粮食市场运行的各种矛盾交织累积。一是粮食供求总量紧平衡与部分品种阶段性过剩的矛盾；二是托市价格面临双重挤压与保护粮农利益的矛盾；三是适度利用国际粮食资源与进口粮食冲击国内市场的矛盾。粮食生产与流通方面呈现的新情况新态势，需要我们进行科学研判与审慎考量。

● 新时期我国粮食安全战略的主要内涵是什么？

粮食安全的内涵决定了粮食安全相关问题往往就是战略问题。中国的国家粮食安全战略，其主要内涵是：不以损害他国或地区的粮食安全为前提，不以牺牲子孙后代粮食安全为要求，不以牺牲资源环境为代价，以确保任何国人在任何时候任何条件下可获得健康营养食物为目标而选择的满足国内居民食物，特别是粮食消费需求的供给保障目标、途径和措施的总称。具体来看：

"以我为主"的战略主动。我国是人口大国，依靠国际市场解决吃饭问题，既不现实也不可能，我们要始终坚持以我为主解决十多亿人口的吃饭问题。习近平总书记多次强调，中国人的饭碗任何时候都要牢牢端在自己手里，碗里主要装中国粮。一个国家只有实现粮食基本自给，才能掌握粮食安全主动权，进而才能掌控经济社会发展大局。

"立足国内"的战略依托。以我为主的基本立足点是国内的资源，保障我国的粮食安全必须把主要精力放在国内资源的开发利用上。我们要从世情国情与农情粮情出发，保护耕地、改良生态、提高农业科技水平、大力发展现代粮食流通产业，着眼于从全产业链来提高粮食产量，提高粮食产业现代化水平，夯实粮食安全的基础。如果我们的谷物不能做到基本自给，我们的口粮不能做到绝对安全，不仅会影响整个国家经济社会发展大局，在国际上也会带来一系列的连锁反应。

"确保产能"的战略基石。作为一个人口大国，随着人口的增长与经济社会的发展，我国粮食消费从数量与质量上都会有新的刚性要求，任何时候都不能放松国内粮食生产。粮食生产根本在耕地，命脉在水利，出路在科技。党中央、国务院高度重视耕地保护，严守耕地保护红线，持续增强高标准农田、水利工程等建设力度，采取措施提高农民种粮积极性，不断提升农业综合生产能力，确保谷物基本自给、口粮绝对安全。截至2022年底，全国已累计建成10亿亩高标准农田，稳定保障1万亿斤以上粮食产能。2022年，全国农业科技进步贡献率达到62.4%，农业机械化水平稳步提高，农作物耕种收综合机械化率达到73%。

"适度进口"的战略平衡。要更加积极地利用国际农产品市场和农业资源，有效调剂和补充国内粮食供给。"适度进口"的关键在于"适度"，需对进口的规模、结构、时机和来源进行管控。一是进口规模要适度。在总量控制的条件下，适度增加进口，需要考虑不牺牲国内的粮食供给保障能力。从供给角度来说，粮食进口规模是在满足我国粮食消费需求的前提下，把握好国内粮食生产规模和进口规模之间的平衡点。二是进口结构要合理。我国在对口粮进口规模进行控制的同时，也要对饲料粮进口进行适当管理。粮食进口的品种结构要与国内需求的变化相适应，同时也要避免对国内粮食产业的过度冲击。三是进口时机要适当。双赢乃至多赢是贸易的本质，要掌握好进口的时机和节奏。四是进口来源地多元化。目前，我国一些粮食品种的进口来源地高度集中，很容易受制于出口国政策、产量变化等因素，可通过与粮食主产国和主要出口国签订双边协议的形式，拓宽进口渠道，稳定进口来源。

"科技支撑"的战略支点。要依靠科技进步提高粮食产量，尤其是粮食的单产水平，同时运用科技提高粮食质量、粮食产业效率和效益。发挥科技在国家粮食安全中的支撑作用，要加强农业科技创新，建设现代农业产业技术体系，加大农业科技成果转化力度，提高农业技术推广和农业机械化信息化水平，依靠科技手段和农艺农技应用，增加粮食供给，提升粮食品质。2023年2月，农业农村部印发《关于进一步做好机械化播种质量提升工作的通知》，提出机播质量直接影响作物出苗质量，直接关系作物单产水平。全方位提高粮油作物机播质量，是大面积提升单产潜力的有效措施。当今时代的农业是市场化的农业、产业化的农业、数字化的农业，这为科技进步提供了广阔的舞台。依靠科技进步，不仅在粮食生产环节可以降本增效，而且在粮食的储运、流通、加工乃至消费环节都可以提高效率和增加效益。

实施国家粮食安全战略，需注意以下几个方面的问题：一是中央和地方要共同负起责任，中央财政要从重大水利设施建设、中低产田改造、科技创新推广、信息化服务、市场体系完善、农产品质量安全、主产区转移支付等方面加强对粮食生产的支持，地方要建立粮食安全省长负责制,加强粮食生产能力、储备能力、流通能力建设,切实保护耕地。二是要进一步推动粮食生产功能区和重要农产品生产保护区建设,建设国家粮食安全产业带。三是要充分发挥"两个积极性",在政策上保护好农民种粮积极性和地方政府抓粮积极性。四是要充分发挥立法的引领和保障作用。

◉ 新中国成立以来,我国粮食安全政策是如何演变的?

粮食安全涉及粮食的生产、储备、流通、贸易等多方面,所以我国为保障粮食安全也从以上方面制定了相关政策。

(一)粮食生产方面

新中国成立以来,我国粮食生产支持政策实现了从单一粮食增产目标向增产、增收和提质增效等多元化发展目标的转变,具体经历了以下四个阶段。起步摸索阶段(1949—1978年),以粮食增产、保障国内供给为目标,于1953年实行粮食生产统购统销政策。探索调整阶段(1979—2003年),在坚持粮食增产的基础上,积极增加农民收入。1979年,实行超购加价,减少征购指标;1985年,改"粮食统购"为"合同定购";1990年,实行粮食保护价收购政策。改革发展阶段(2004—2014年),在坚持粮食增产、农民增收的基础上,促进粮食生产可持续发展。2004年,建立和完善最低收购价政策,实行粮食直补;2006年,取消农业税;2008年,实行临时收储政策;2012年,加快高标准农田建设。提质增效阶段(2015年至今),以保障农民增收、国家粮食安全和粮食生产可持续、高质量发展为目标。2016年,优化价格支持政策,探索"市场定价、价补分离";2018年,探索三大主粮完全成本保险和收入保险。

（二）粮食储备方面

粮食储备是国家粮食安全的压舱石。新中国成立以来，中国粮食储备体系的演进与一定时期的国内外政治经济形势、粮食供求状况以及国民经济体制、粮食生产经营体制、粮食购销与流通体制密切相关，中国粮食储备体系的演进大致可分为四个时期。

一是国民经济恢复时期国家粮食储备制度的初步形成（1949—1952 年）。1952 年 9 月，"中央人民政府粮食部"成立，由此开始了长达 48 年的国家粮食部门政企合一的粮食流通管理体制，这一时期政府掌握着由公粮转化而来的国家储备粮库存和国营粮食企业的周转粮食库存。

二是粮食统购统销时期国家粮食储备体系的初步确立（1953—1984 年）。这一时期我国形成了国家粮食储备和社会粮食储备相结合的粮食储备体系，其中国家储备由战略储备（备战）和后备储备（备荒）组成，社会储备则包括农村生产队和农户为备荒而储备的粮食两个部分。

三是粮食购销体制市场化改革与国家专项粮食储备制度建立（1985—1999 年）。1990 年，国务院常务会议决定建立国家专项粮食储备制度；1995 年实施"米袋子"省长负责制，粮食产区和销区要分别建立相当于 3 个月和 6 个月市场销售量的地方粮食储备。该时期我国粮食储备体系实际上就剩下了政府粮食储备，并由中央粮食储备和地方粮食储备构成。

四是国家粮食储备体系的逐步完善（2000 年至今）。这一时期我国粮食储备体系形成了中央粮食储备与地方（省、市、县）粮食储备相结合、原粮储备（水稻、小麦、玉米）与成品粮油（米、面、油）应急储备相结合、具有鲜明中国特色的粮食储备体系。

（三）粮食流通方面

粮食流通是整个粮食生产到销售中最重要的环节，这会影响到各地区的粮食种类和人民群众具体的购买价格等。1984年以前，我国粮食调动和销售以政府为主，严禁个人或企业进行粮食贸易。后随着我国粮食产量的增加、经济的发展，我国粮食流通进入"双轨制"阶段（1985—1992年），即通过政府统销和市场自由交易两种方式进行粮食流通，其中市场自由交易以粮食购销企业为主进行相关的粮食买卖。1993—2003年，我国粮食流通体制迈向市场经济的过渡时期。1993年起，废除实施长达四十几年的粮票制度，统销制度被取消，并且逐步开放粮价；1998年起，推行"四分开一完善"（政企分开、储备与经营分开、中央与地方的责任分开、新老粮食财务挂账分开，完善粮食价格机制）的改革措施，以建立适应市场经济需求、符合国情的粮食流通体制。2001—2003年，放开销区，保护粮食产区，对粮食品种和粮食产销区实行区别对待保护的政策。后随着我国社会主义市场经济体制的不断发展，我国粮食流通迈向完善粮食市场化调控阶段（2004年至今）。2004年，政府宣布全面开放粮食收购市场和价格。从2004年起，国家实行粮食最低收购价和直接补贴政策，使我国农产品流通体制融入世界潮流向前迈出了一大步。

（四）粮食贸易方面

新中国成立至今，我国粮食进出口贸易政策的演变大致可分为四个阶段。受国家实施优先发展重工业战略和严重自然灾害的影响，1949—1978年这一时期粮食进出口贸易停滞，相关政策还处在沉寂和萌芽阶段，制定和公布的粮食进出口贸易政策非常有限。改革开放为我国粮食进出口贸易带来活力，粮食进出口贸易政策进入改革与探索时期（1979—2000年）。1985年，国家规定了"议转平"粮食品种，实行粮食购销调拨包干制，明确"可适当进口粮食"；1990年，我国粮食储备专项制度建立；1995年，国家明确"省长负责制"，要求省域层面需严格执行粮食进出口计划，粮食部门建立"两条线"运行机制，推进政策性业务和商业性经营分离。随着我国加入WTO，我国粮食进出口贸易政策进入系统与完善阶段（2001—2013年）。2004年《粮食流通管理条例》公布，明确粮食进出口可依据该条例实施管理。2005年，国务院明确制定粮食应急预案，指导粮食的采购调拨与进出口贸易。2014年至今，我国粮食进出口贸易政策进入创新与深化阶段，在保障粮食安全的前提下，积极与国际标准接轨。2014年中央一号文件重申我国粮食安全战略，强调"以我为主"和"适度进口"；2018年，国务院提出促进"一带一路"粮食合作；2019年，国家发展改革委、国家粮食和物资储备局发布《关于坚持以高质量发展为目标加快建设现代化粮食产业体系的指导意见》提出，要充分利用"两个市场、两种资源"，加强国际粮食贸易和产业合作，加快培育一批跨国"大粮商"，着力建设"海外粮仓"，更好利用国际资源保障国内粮食安全。

● 我国耕地与水资源保护政策是如何演变的？

"人多地少"是我国的基本国情农情，我国人均耕地面积和水资源占有量分别为世界平均水平的1/3和1/4左右，农业生产资源相对匮乏是我国农业现代化发展绕不开的难题。多年来，我国大力推进生态文明建设，耕地保护与水资源利用政策体系朝着增强农业综合生产能力、确保粮食安全和生态安全的方向不断完善。

（一）耕地保护利用政策

为了保障粮食安全，我国实施了严格的耕地保护制度。从新中国成立初期对耕地资源保护的初步探索，到改革开放对耕地质量建设的逐步拓展，再到党的十八大以来对耕地生态系统维护的扩大延伸，形成了兼顾数量、质量与生态的"三位一体"的耕地综合保护利用制度，这既是顺应高质量发展的必然选择，也是实现国家粮食安全的必然要求。

耕地数量保护阶段（1949—1978年）。新中国成立之初，我国将以耕地为主导的农业生产作为农村经济工作的重点，对耕地资源保护、土壤改良进行初步探索，为改善农业生产条件、探索建立现代农业生产体系奠定了一定的物质基础。1958年提出"农业八字宪法"，即土、肥、水、种、密、保、管、工，探索土壤改良。这一时期，我国主要采取了以规划、用途管制为重点的耕地数量保护措施，通过规划明确各类耕地用途、农田数量，设定耕地数量保护的底线目标和重点任务。

"数量+质量"并重阶段（1978—2012年）。进入改革开放，以1986年我国成立了国家土地管理局和1987年实施《中华人民共和国土地管理法》为标志，我国正式开启了耕地保护与质量建设的制度化历程，明确了"保护耕地是我国必须长期坚持的一项基本国策"。在1994年、1999年、2012年国家相关部门分别出台了《中华人民共和国基本农田保护条例》、《关于切实做好耕地占补平衡工作的通知》和《关于提升耕地保护水平全面加强耕地质量建设与管理的通知》。该阶段，在耕地数量保护方面，将最初制定的"耕地数量保护"调整完善为"保持耕地总量动态平衡，耕地占补数量和质量相当"，将"基本农田保护"调整完善为"永久基本农田保护"，并于2006年在"十一五"规划中首次提出了守住18亿亩耕地红线的约束性指标。在耕地质量建设方面，提出"加强中低产农用地改造，确保耕地总体质量有所提高"，并就"提升耕地保护水平、全面加强耕地质量建设与管理"提出详细要求。这一时期，我国耕地政策由数量保护向数量与质量并重转变，通过在耕地开发利用过程中采取保护性耕作、保护性利用方式，提升耕地基础地力。

"数量+质量+生态"三位一体阶段（2012年至今）。党的十八大以来，我国形成了以永久基本农田为核心的数量、质量和生态"三位一体"的特殊管控政策。该阶段，我国陆续发布了《耕地草原河湖休养生息规划（2016—2030年）》《全国高标准农田建设规划（2021—2030年）》等重要规划，并在2020年实施了新修订的《中华人民共和国土地管理法》，2021年颁布了新修订的《中华人民共和国土地管理法实施条例》，制定了以生态系统维护为重点的耕地系统性措施。这类政策措施主要通过修复、治理问题耕地从而改善、提升耕地质量，通过对耕地生态系统进行全方位的维护，来确保耕地产能的稳定增长，促进耕地资源的永续利用。比如，对退化耕地、重金属污染耕地等采取治理措施；对农作物秸秆综合利用，实施测土配方施肥、有机肥等来维护土壤生态环境、满足农作物营养需求。

（二）水资源利用政策

我国单位耕地面积的水资源量仅为世界平均水平的1/2。特别是我国水土资源空间分布不匹配，耕地占全国64%的广大北方地区，水资源仅占 19%。海河、黄河、西北内陆诸河、西辽河等流域的耕地资源相对丰富，而缺水形势却相当严峻。党的十八大以来，习近平总书记就水利建设作出一系列重要论述和重大部署，开启了治水兴水的新局面。2012 年，国务院办公厅印发《国家农业节水纲要（2012—2020 年）》，提出到 2020 年，在全国初步建立农业生产布局与水土资源条件相匹配、农业用水规模与用水效率相协调、工程措施与非工程措施相结合的农业节水体系。2014 年 3 月，在中央财经领导小组第五次会议上，习近平总书记从党和国家发展全局的战略高度出发，提出了"节水优先、空间均衡、系统治理、两手发力"的治水思路。2016 年，国务院通过《农田水利条例》，提出发展农田水利，要坚持政府主导、科学规划、因地制宜、节水高效、建管并重的原则。这是新中国的第一部关于农田水利的行政法规，对加快农田水利发展、提高农业综合生产能力产生积极影响。当年，全国人大常委会修订《中华人民共和国水法》，为合理开发、利用、节约和保护水资源、防治水害、实现水资源可持续利用提供了根本遵循。

● 我国粮食补贴政策是如何演变的？

由于粮食生产是弱质产业，粮食生产者和城市贫民是弱势群体，而粮食产业本身又具有公共产品和正外部性的特点，对粮食进行补贴是世界各国的普遍做法。我国的粮食补贴政策始于 1953 年，整个政策的演变过程大致可分为以下阶段：

第一阶段（1953—1960 年），政府为控制粮源和稳定粮价，实行粮食统购统销政策。同时，国家对农民实行粮食超额收购政策，并积极发展化肥、农药等农用工业，对企业给予生产补贴，鼓励粮食生产。

第二阶段（1960—1978 年），政府对城镇居民进行"明补"。1957—1961 年的 3 次提价，导致粮食购销价格倒挂。政府在提高粮食销售价格的同时，给城镇职工发放粮价补贴。

第三阶段（1978—1990 年），政府在维持粮食销售价格基本稳定的同时，大幅度提高粮食收购价格。为弥补国营粮食部门的亏损，政府对粮食企业给予购销差价补贴，这种补贴实质上是对城镇居民的"暗补"。

第四阶段（1990—1993 年），政府取消价格补贴，要求粮食部门"顺价销售"。同时，国家建立粮食风险基金，把对消费者的补贴逐渐转变为对粮食流通部门的补贴。

第五阶段（1993—2003 年），政府将补贴重点放在粮食生产者和粮食流通部门上，在对粮食流通部门进行直接补贴的同时，利用保护价的形式对粮食生产者进行间接补贴。

第六阶段（2004—2018 年），这一时期，政府取消了农业税，并先后采取了农作物良种补贴、种粮农民直接补贴和农资综合补贴三项补贴政策。2016 年，财政部、农业部联合印发了《关于全面推开农业"三项补贴"改革工作的通知》，将三项补贴合并为农业支持保护补贴，重点支持耕地地力保护和粮食适度规模经营两个方面。

第七阶段（2019 年至今）。2019 年，为进一步支持农业适度规模经营，提高农业生产效益和效率，国家对粮食补贴政策进行了调整。一是规定按实际种植面积计算补贴，确保实际种粮的耕地得到补贴。二是对粮食适度规模经营者给予一定的政策倾斜，种植面积需达到一定规模才能申请获取补贴。三是补贴对象的调整。按照粮食补贴政策"谁种地补贴给谁，谁种得多谁拿得多"的原则，重点对承包土地实际种粮、种粮大户以及采用绿色环保等现代化生产方式的农民进行补贴。

● **我国是如何强化粮食安全政治保障的？**

粮食安全问题不仅是经济问题，更是政治问题，我国从政策层面强化粮食安全政治保障由来已久。早在20世纪60年代，中共中央发布《关于全党动手，大办农业，大办粮食的指示》，指出"保证粮食生产，不只是农业部门单独的责任，而且是各部门共同的责任，全党全民共同的责任"，实质上强调了粮食生产的党、政、民同责。1994年，国务院出台《关于深化粮食购销体制改革的通知》，明确规定"实行省、自治区、直辖市政府领导负责制，负责本地区粮食总量平衡，稳定粮田面积，稳定粮食产量，稳定粮食库存，灵活运用地方粮食储备进行调节，保证粮食供应和粮价稳定"，即我国粮食管理体制开始实行省长负责制，也就是通常说的"米袋子"省长负责制。粮食省长负责制的出台，对20世纪90年代到新世纪初我国粮食生产发展起到了一定的积极作用。

2004年我国全面放开粮食购销市场，各地积极履行粮食生产、流通和储备责任，粮食工作总体情况较好。但是，随着国内粮食生产实现连续增产，一些地方出现了放松粮食生产、忽视粮食流通、过度依靠中央的现象。为加快构建国家粮食安全保障体系，进一步明确地方政府维护国家粮食安全的责任，2014年国务院出台《关于建立健全粮食安全省长责任制的若干意见》，要求建立健全粮食安全省长责任制，并从粮食生产、储备和流通等各环节，明确了各省级人民政府在维护国家粮食安全方面的事权与责任。相较于"米袋子"省长负责制,粮食安全省长责任制的范畴更广,体现了对粮食从生产到储备再到流通、消费等各环节全方位的重视,在当前资源环境约束日益加大、粮食供求长期处于紧平衡情况下,有利于明确地方各级政府的事权与责任,也是建立健全粮食安全责任长效机制的重要一步。

党的十九大以来,随着国内国际形势发生重大变化以及新冠疫情导致的不确定性不稳定性增加,粮食安全问题更加凸显。2021年,国务院新修订的《粮食流通管理条例》规定,省、自治区、直辖市应当落实粮食安全党政同责,完善粮食安全省长责任制,承担保障本行政区域粮食安全主体责任,在国家宏观调控下,负责本行政区域粮食总量平衡和地方储备粮等的管理。2022年初,农业农村部下发通知,要求各地压紧压实粮食安全党政同责责任,将落实全年粮食播种面积作为粮食安全党政同责考核的重要内容,落实到市到县到地块。此外,2021年、2022年的中央一号文件也均提出要实行粮食安全党政同责,强化粮食安全政治保障。

从"米袋子"省长负责制,到粮食安全省长责任制,再到粮食安全党政同责,充分体现了我国完善粮食安全保障政策、提升粮食安全治理能力、筑牢粮食安全政治责任的长远考虑,有利于把国家粮食安全战略真正落到实处。

● **如何健全种粮农民收益保障机制和主产区利益补偿机制?**

五谷丰登,粮安天下。党的二十大报告指出,要"健全种粮农民收益保障机制和主产区利益补偿机制,确保中国人的饭碗牢牢端在自己手中"。习近平总书记特别强调,既不能让种粮农民在经济上吃亏,也不能让种粮大县在财政上吃亏。

(一)健全种粮农民收益保障机制和主产区利益补偿机制的举措

农业农村部发展规划司曾衍德司长曾提出,解决主产区发展粮食生产积极性问题,核心是利益调节,可以概括为"加、减、建、补、联"五个字。确保我国粮食安全问题的根本原则是"以我为主、立足国内",只有把农民收益保障机制与主产区利益补偿机制有机结合起来,切实维护人民群众根本利益,千方百计增加种粮农民的收入,才能从根本上保障我国粮食安全。

"加"是进一步稳固农业在国民生产中的基础性地位,提升粮食产业的竞争力和附加值,充分挖掘粮食产业内部的增收潜力。

一是强化向粮食主产区转移支付。加大对主产区财政转移支付力度和对产粮大县的奖补力度,通过税收优惠、专项补助和贷款贴息等方式,统筹建立粮食专项财政补偿体系。加大支持主产区农业农村基础设施建设力度,助推主产区和种粮农民实现粮食生产节本增效。

二是进一步提高粮食补贴成效。要尽力为耕者谋利、为食者造福,不断提高粮食补贴成效。进一步健全和完善粮食补贴制度,通过对粮食生产者信用评级,将粮食补贴与其信用等级挂钩,在备耕阶段向生产者发放部分补贴资金,有效缓解粮农,尤其是种粮大户的资金需求。

三是大力支持主产区发展粮食精深加工。针对主产区工业基础薄弱、经济发展缺乏强劲带动支撑的困境,多措并举扶持主产区发挥粮食资源丰富优势,把资源优势转化为产业优势和经济优势,提高主产区粮食就地加工转化能力，深入实施优质粮食工程，实现从粮食大省向粮食强省转型。

四是依靠科技创新，实现粮食增产。推进种业科技创新，加快选育一些高产优质的新品种；加快推进集成技术的推广，重点是大规模开展粮食高产创建，特别是要扎实推进粮食增产模式攻关，尽快形成一批适合不同区域、不同作物的成熟技术模式，推进良种良法配套、农机农艺结合，进一步挖掘科技增产的潜力。

"减"是实行"降本、减投、防灾、休耕"并举，确保粮食产业可持续发展。

一是发展多种形式的适度规模经营，实现降本。在农业劳动力机会成本急剧上升和耕地细碎化程度不断加深的背景下，鼓励和支持承包土地向家庭农场、农民合作社等新型农业经营主体流转，发展多种形式的适度规模经营，利用规模经济优势，降低农民在从事农业生产过程中的投入成本。

二是继续加大对粮食主产区基础建设的投入力度，通过实施高效节水及高标准农田建设工程，加强农田水利基础设施建设等手段，不断改善种粮农民的生产条件，增强抵御灾害的能力，减少农民投入农田水利基础设施的建设成本。

三是保险扩面降风险。发挥好农业保险的政策属性，逐步扩大农业保险覆盖范围，实现稻谷、小麦、玉米三大主粮完全成本保险和种植收入保险从覆盖产粮大县到县域全覆盖。完善农业保险制度，鼓励保险公司完善自然灾害保险产品，变事后灾害赔偿为事前灾害预防，给予种粮农民可持续性预期。

四是发挥财政资金在建立主产区农业休养生息补偿机制中的重

要作用，通过财政奖补、结构调整等综合措施，在确保国家粮食安全不受冲击、修复区农民的就业和收入不受影响的前提下，按照规划，有计划有步骤地逐步推进休耕。

"建"是要加强主产区农业基础设施建设。要加快建设高标准农田，结合农业综合开发、土地整治、大中型灌区节水改造、土壤有机质提升等项目，改善主产区农业基础设施条件，加强耕地质量建设，加快建成一批高产稳产、旱涝保收的高标准农田。

"补"是补偿主产区生产的商品粮，由中央财政、主销区、主产区共同承担。同时，针对主产区为保障粮食安全和生态安全，经济发展受到较多限制的现状，应采取与限制开发和禁止开发区基本相同的补偿政策，加强粮食主产区的粮食安全和生态安全建设，体现对粮食主产区的生态关怀和人文关怀。

"联"是要建立主产区与主销区联动机制，按照谁受益谁补偿和近邻原则，建立产销区互相配对、风险共担、利益共享的利益协同机制，推动粮食主产区经济发展。在国家层面统筹安排、引导主销区主动参与主产区粮食生产基地、仓储设施、加工园区、网络营销、物流运输的建设，变以前的"供需合作"为"供应链合作"，加快形成多元化、规模化、现代化的粮食产销合作新局面，全面提高主产区发展粮食生产的积极性。

（二）以主产区和种粮农民为重点的奖励补贴政策

对主产区和种粮农民进行奖励补贴是我国农业支持保护政策体系的重要组成部分。目前，以主产区和种粮农民为重点的补贴政策主要有以下几项：

1. 耕地地力保护政策

从2016年起,在全国范围内将农业生产资料价格综合补贴存量资金的80%,加上种粮农民直接补贴和农作物良种补贴资金,组成耕地地力保护补贴,直接现金补贴到户;将存量资金的20%,加上种粮大户补贴试点资金和政策增量资金,统筹用于支持粮食适度规模经营。耕地地力保护补贴的对象原则上为拥有耕地承包权的种地农民,补贴依据可以是二轮承包耕地面积、计税耕地面积、确权耕地面积或粮食种植面积,具体补贴依据和标准由各地结合实际自行确定。截至2021年底,耕地地力保护补贴资金总体规模每年约1200亿元,亩均补贴约95元,户均补贴约564元。

2. 玉米大豆生产者补贴政策

2014年,国家取消大豆临时收储政策,开展了大豆目标价格改革试点,中央财政对东北三省和内蒙古自治区给予大豆目标价格补贴。2016年,国家取消玉米临时收储政策,实行市场化收购加生产者补贴政策,中央财政将补贴资金拨付到省区,由地方政府统筹将补贴资金兑付到玉米实际种植者。2017年国家将东北三省一区大豆目标价格政策调整为生产者补贴政策,统筹实施玉米和大豆生产者补贴。地方可根据本省(区)实际情况制定具体的补贴实施办法,合理引导农民调整种植结构,保障玉米和大豆生产稳定发展。2022年,中央财政安排玉米大豆生产者补贴资金408.2亿元,引导地方合理拉开玉米大豆补贴差,支持农民扩种大豆。

3. 稻谷补贴政策

2018年起,为缓解稻谷供求结构性矛盾,特别是普通品种过剩、优质品种供给不足等问题,中央财政在稻谷主产省份建立稻谷补贴制度。补贴资金由省级政府统筹安排,并明确资金使用要有利于引导种植结构调整,促进增加绿色优质稻谷供给,切实保持优势产区稻谷种植收益基本稳定,并可由地方统筹用于发展优质粳稻产业。

4. 产粮(油)大县奖励政策

为了调动地方政府抓好粮食、油料生产的积极性,缓解产粮(油)大县财政困难,促进粮食、油料产业发展,2005年起,中央财政根据粮食播种面积、产量和商品量等因素,对产粮大县给予奖励和补助。常规产粮大县入围条件为:近五年平均粮食产量大于4亿斤,且商品量大于1000万斤;在主产区产量或商品量列前15位,非主产区列前5位的县级行政单位。近五年平均粮食产量或者商品量分别位于全国前100名的县为超级产粮大县,在获得常规产粮大县奖励的基础上,再获得超级产粮大县奖励。常规产粮大县奖励资金作为一般性转移支付,由县级人民政府统筹使用,超级产粮大县奖励资金用于扶持粮食生产和产业发展。产油大县奖励入围条件由省级人民政府按照"突出重点品种、奖励重点县(市)"的原则确定,入围县享受的奖励资金不低于100万元,全部用于扶持油料生产和产业发展,特别是用于支持油料收购、加工等方面支出。2021年产粮大县奖励资金规模达到482亿元。

● **未来我国保障粮食安全的政策取向有哪些?**

国内庞大的人口基数叠加消费持续升级,粮食需求刚性增长,全球粮食产业链不确定性风险增加,对新阶段粮食安全领域深化改革提出了新的要求。未来,要全方位系统性地审视和解决粮食安全面临的问题,锻长板、补短板、强弱项,构建更高水平的粮食安全制度体系，为经济社会发展筑牢底盘，为中国式现代化建设夯实基础。

（一）加快耕地和水资源保护

2023年5月5日，习近平总书记主持召开二十届中央财经委员会第一次会议，会议指出："要更加重视藏粮于技，突破耕地等自然条件对农业生产的限制。"当前，我国耕地和水资源保护政策落实不到位现象比较突出。在资源环境约束日益趋紧、粮食安全保障压力加大的背景下，需进一步加强耕地与水资源的保护利用。

一是强化耕地数量保护。严守18亿亩耕地红线，遏制耕地"非农化"，防止"非粮化"，界定好城镇建设用地边界。严守耕地总量不减少，稳定实施耕地地力保护补贴政策，严格落实耕地用途管制相关规定，加大耕地使用情况核实力度。二是大力提高耕地质量。规范耕地占补平衡，严禁占优补劣。开展退化耕地治理和耕地生产障碍修复，支持在适宜地区开展深松整地作业。实施黑土地保护工程，统筹冬闲田绿肥植物和油料作物种植，切实保护和提升耕地地力。加强土壤污染治理，改善耕地与地下水匹配度，有序实施休耕和轮作计划。三是推进农用水资源合理利用。健全农业水价形成机制，建立农业用水精准补贴和节水奖励机制，建立精细化的灌溉制度。综合考虑灌溉技术的区域适用性和经济社会效益，因地制宜推广节水技术，提高资源利用效率，提高粮食综合生产能力与供给保障能力。

（二）着力提高粮食单产水平

播种面积和单产水平是形成粮食产量的两大因素，而我国"人多地少"的基本国情决定了提高粮食产量只能更多依赖单产水平的提升。目前，我国水稻、小麦、玉米和大豆平均单产水平分别为世界先进水平的63%、65%、54%和52%。提高粮食单产水平，一是要实施好种业振兴行动，建设多层次多元化种子库体系，夯实国家级种子库在种质资源保护和利用中的基础地位，确保种源安全。加强农业良种技术攻关和种源"卡脖子"技术联合攻关，有序推进生物育种产业化应用，强化育种基础研究和创新能力升级，培育具有国际竞争力的种业龙头企业。二是要打好科技"攻坚战"，提升粮食产业链的科技赋能水平。推进信息、生物、新材料等高新技术在粮食产业中的应用，补齐关键共性技术短板。加强大中型、智能化、复合型农业机械研发应用。发展智慧农业，助力提升粮食安全保障能力。三是深化农业科研制度改革，激活科研机构动力。强化企业创新主体地位，加强产学研深度融合机制，健全完善基层农技推广服务体系。四是持续推进农业绿色转型发展，支持研发推广高效肥料和药物，在促进化肥农药减量化施用的同时，提高农业质量效益和竞争力。

（三）切实提升粮食收储调控能力

完善粮食市场调控，做好市场保供稳价是保障粮食安全的重要一环。当前，我国"产购储加销"各环节衔接融合不够，粮食产业体系经营效能有待提高。粮食流通和仓储设施功能不够健全，管理的精细化、标准化水平不高，信息化、智能化水平需进一步提升。

保障主要食物供给及价格稳定，健全储备调控体系。一是不断加强产购储加销协同保障，坚持和完善最低收购价政策。积极推动市场化收购，形成合理市场价格预期，推动实现农产品优质优价，牢牢守住农民"种粮卖得出"的底线。二是搭建粮食市场供给信息平台，完善粮食监测预警体系。依托平台，加强粮食市场监测，整合粮食市场供给主体和服务主体各类信息资源，及时发布粮食收购等有效信息，加强精准调控，保持粮食市场运行总体平稳。三是完善粮食储备体系及管理体制。健全多元化收储体系，加快培育多元市场购销主体；科学确定储备规模，优化结构布局，降低储备成本，提高储备效率。改革完善中央储备粮管理体制，提高粮食储备调控能力。

（四）提高粮食和重要农产品质量安全水平

"悠悠万事，吃饭为大"。近年来，我国粮食供给总量不断提高，食品种类日益丰富。同时，我国食品安全标准体系逐步健全，重大食品安全风险得到控制，食品安全治理成效显著。但是，微生物和重金属污染、农药兽药残留超标、添加剂使用不规范等问题带来的食品安全风险始终存在，食品安全风险监测评估预警等基础工作依然薄弱。食品质量和安全控制关系亿万城乡居民健康，确保粮食和重要农产品安全须臾不可放松。

一是大力推进粮食品牌化建设。实施粮食品牌培育行动，做大做强区域特色农业优势品牌，提升优质农产品品牌附加值，构建农产品"三品一标"新机制，积极发展绿色有机地理标志农产品。同时，创建品牌必须要有过硬的产品品质保证，要充分发挥龙头企业、农垦企业和行业协会作用，促进品质评价成果应用，引导农产品优质优价。二是大力推行农业标准化生产。借鉴和转化国际食品安全标准，加快制修订农药残留、兽药残留、重金属、食品及其包装污染物、致病性微生物等食品安全标准。强化标准实施，提升新型农业经营主体标准化生产能力，带动小农户按标生产。三是健全农产品质量安全监管体系。提高风险监测能力和监督检查效能，深入开展风险评估，强化风险交流和科普宣传。净化产地环境，加强投入品使用和生产过程监管，推进承诺达标上市。推动社会共治，引导带动各地全面提升粮食和重要农产品质量安全监管能力和水平。

（五）提升粮食应急保障能力

长期以来，我国不断提高粮食应急保障管理水平，形成了涵盖中央、省、市、县的四级粮食应急预案体系，在应对地震、雨雪冰冻、台风等重大自然灾害和其他突发公共事件等方面发挥了重要作用，保证了军需民食。但当前国际形势复杂多变，各类安全风险交织叠加，粮食保供稳价压力尚存，我国粮食应急保障体系还有待完善。

提升粮食应急保障能力，需进一步加强粮食应急保供体系建设，健全应急加工、储运、配送、供应网络，优化完善应急设施布局，畅通粮食应急保障信息系统。加强应急设施建设和管护主体责任，充分调动各类主体承担粮食应急保障任务的积极性，确保粮食应急状态下产购储加销体系各环节有序衔接、协同联动。注重实物与产能相结合，整合现有粮食应急加工、储运、配送、供应等资源，优化布局结构，提升区域应急保障能力。将提升粮食应急保障能力与实施优质粮食工程建设有机融合，提升平时服务、急时保供综合效能。完善应急功能，提高应急组织协调和快速响应能力。

（六）深入推进节粮减损

开展粮食节约行动，要着力解决中国粮食浪费和损失突出问题。一方面，要强化全链条管控，最大限度减少损失浪费。落实《粮食节约行动方案》，把节约粮食的思想，贯穿于从田间到餐桌的整个过程和全产业链的每个环节。通过农业科技创新、强化生产环境和现代投入物监管来减少农产品收获前的损耗；通过为农机服务人员提供培训，提高作业熟练程度，减少机械作业损失；通过普及粮食收储运环节节粮知识，进一步压实政策性粮食收储运环节，杜绝浪费和减少损失责任。另一方面，要明确相关主体义务，压实粮食节约责任。通过法治规范和政策措施以及营造反对粮食浪费的浓厚氛围等，鼓励消费者和其他市场主体在观念上和行动上自愿反对和抵制粮食浪费与损失。举办好世界粮食日和全国粮食安全宣传周等主题活动，引导公众养成科学合理膳食习惯，营造爱粮节粮、健康消费的新风尚。

（七）积极参与全球粮食安全治理

近年来，在全球气候变化和地缘政治冲突加剧的背景下，国际上粮食供给不稳定性加强，充分暴露出全球粮食系统相互关联的性质和脆弱性。我国目前作为世界第一大农产品进口国，农产品进口额占世界 10% 左右。每年进口大豆 9000 万吨左右，对外依存度较高。未来，我国需要进一步参与全球粮食安全治理。一是深化粮食供应链韧性的国际合作，增强全球粮食产业链供应链风险管理能力。积极参与国际粮食贸易治理体系建设，稳定与世界主要国家农产品经贸联系，优化进口布局，开拓南美、黑海等全球主要粮食产区进口贸易渠道。二是积极开展粮食和农业对外援助。在推动共建"一带一路"高质量发展、中非合作论坛、南南合作等框架下，通过紧急粮食援助、提供资金支持、推广农业技术等方式开展粮食对外援助，帮助非洲等欠发达地区提高农业发展能力和减贫能力。三是需要对国际社会提出的基于健康长寿目标的未来人类粮食安全理念充分理解和深入研究，更好地与国际社会对话和沟通，共同推进可持续粮食消费理念的树立和平衡足量全面营养粮食消费行为的养成，更加注重粮食生产的绿色转型。

面对全球粮食安全复杂严峻形势，中国始终坚定维护和践行真正的多边主义，积极推动全球粮食安全治理体系向更公平合理的方向变革，更好地保障全球粮食安全。

粮食

附录 重要政策文件

《粮食流通管理条例》

粮食流通管理条例

（2004年5月26日中华人民共和国国务院令第407号公布　根据2013年7月18日《国务院关于废止和修改部分行政法规的决定》第一次修订　根据2016年2月6日《国务院关于修改部分行政法规的决定》第二次修订　2021年2月15日中华人民共和国国务院令第740号第三次修订）

第一章　总　则

第一条　为了保护粮食生产者的积极性，促进粮食生产，维护经营者、消费者的合法权益，保障国家粮食安全，维护粮食流通秩序，根据有关法律，制定本条例。

第二条　在中华人民共和国境内从事粮食的收购、销售、储存、运输、加工、进出口等经营活动（以下统称粮食经营活动），应当遵守本条例。

前款所称粮食，是指小麦、稻谷、玉米、杂粮及其成品粮。

第三条　国家鼓励多种所有制市场主体从事粮食经营活动，促进公平竞争。依法从事的粮食经营活动受国家法律保护。严禁以非法手段阻碍粮食自由流通。

国有粮食企业应当转变经营机制，提高市场竞争能力，在粮食流通中发挥主渠道作用，带头执行国家粮食政策。

第四条　粮食价格主要由市场供求形成。

国家加强粮食流通管理,增强对粮食市场的调控能力。

第五条 粮食经营活动应当遵循自愿、公平、诚信的原则,不得损害粮食生产者、消费者的合法权益,不得损害国家利益和社会公共利益,并采取有效措施,防止和减少粮食损失浪费。

第六条 国务院发展改革部门及国家粮食和储备行政管理部门负责全国粮食的总量平衡、宏观调控和重要粮食品种的结构调整以及粮食流通的中长期规划。国家粮食和储备行政管理部门负责粮食流通的行政管理、行业指导,监督有关粮食流通的法律、法规、政策及各项规章制度的执行。

国务院市场监督管理、卫生健康等部门在各自的职责范围内负责与粮食流通有关的工作。

第七条 省、自治区、直辖市应当落实粮食安全党政同责,完善粮食安全省长责任制,承担保障本行政区域粮食安全的主体责任,在国家宏观调控下,负责本行政区域粮食的总量平衡和地方储备粮等的管理。

县级以上地方人民政府粮食和储备行政管理部门负责本行政区域粮食流通的行政管理、行业指导;县级以上地方人民政府市场监督管理、卫生健康等部门在各自的职责范围内负责与粮食流通有关的工作。

第二章 粮食经营

第八条 粮食经营者,是指从事粮食收购、销售、储存、运输、加工、进出口等经营活动的自然人、法人和非法人组织。

第九条 从事粮食收购的经营者(以下简称粮食收购者),应当具备与其收购粮食品种、数量相适应的能力。

从事粮食收购的企业（以下简称粮食收购企业），应当向收购地的县级人民政府粮食和储备行政管理部门备案企业名称、地址、负责人以及仓储设施等信息，备案内容发生变化的，应当及时变更备案。

县级以上地方人民政府粮食和储备行政管理部门应当加强粮食收购管理和服务，规范粮食收购活动。具体管理办法由省、自治区、直辖市人民政府制定。

第十条　粮食收购者收购粮食，应当告知售粮者或者在收购场所公示粮食的品种、质量标准和收购价格。

第十一条　粮食收购者收购粮食，应当执行国家粮食质量标准，按质论价，不得损害农民和其他粮食生产者的利益；应当及时向售粮者支付售粮款，不得拖欠；不得接受任何组织或者个人的委托代扣、代缴任何税、费和其他款项。

粮食收购者收购粮食，应当按照国家有关规定进行质量安全检验，确保粮食质量安全。对不符合食品安全标准的粮食，应当作为非食用用途单独储存。

第十二条　粮食收购企业应当向收购地的县级人民政府粮食和储备行政管理部门定期报告粮食收购数量等有关情况。

跨省收购粮食，应当向收购地和粮食收购企业所在地的县级人民政府粮食和储备行政管理部门定期报告粮食收购数量等有关情况。

第十三条　粮食收购者、从事粮食储存的企业（以下简称粮食储存企业）使用的仓储设施，应当符合粮食储存有关标准和技术规范以及安全生产法律、法规的要求，具有与储存品种、规模、周期等相适应的仓储条件，减少粮食储存损耗。

粮食不得与可能对粮食产生污染的有毒有害物质混存,储存粮食不得使用国家禁止使用的化学药剂或者超量使用化学药剂。

第十四条 运输粮食应当严格执行国家粮食运输的技术规范,减少粮食运输损耗。不得使用被污染的运输工具或者包装材料运输粮食,不得与有毒有害物质混装运输。

第十五条 从事粮食的食品生产,应当符合食品安全法律、法规和标准规定的条件和要求,对其生产食品的安全负责。

国家鼓励粮食经营者提高成品粮出品率和副产物综合利用率。

第十六条 销售粮食应当严格执行国家粮食质量等有关标准,不得短斤少两、掺杂使假、以次充好,不得囤积居奇、垄断或者操纵粮食价格、欺行霸市。

第十七条 粮食储存期间,应当定期进行粮食品质检验,粮食品质达到轻度不宜存时应当及时出库。

建立粮食销售出库质量安全检验制度。正常储存年限内的粮食,在出库前应当由粮食储存企业自行或者委托粮食质量安全检验机构进行质量安全检验;超过正常储存年限的粮食,储存期间使用储粮药剂未满安全间隔期的粮食,以及色泽、气味异常的粮食,在出库前应当由粮食质量安全检验机构进行质量安全检验。未经质量安全检验的粮食不得销售出库。

第十八条 粮食收购者、粮食储存企业不得将下列粮食作为食用用途销售出库:

(一)真菌毒素、农药残留、重金属等污染物质以及其他危害人体健康的物质含量超过食品安全标准限量的;

(二)霉变或者色泽、气味异常的;

（三）储存期间使用储粮药剂未满安全间隔期的；

（四）被包装材料、容器、运输工具等污染的；

（五）其他法律、法规或者国家有关规定明确不得作为食用用途销售的。

第十九条　从事粮食收购、加工、销售的规模以上经营者，应当按照所在地省、自治区、直辖市人民政府的规定，执行特定情况下的粮食库存量。

第二十条　粮食经营者从事政策性粮食经营活动，应当严格遵守国家有关规定，不得有下列行为：

（一）虚报粮食收储数量；

（二）通过以陈顶新、以次充好、低收高转、虚假购销、虚假轮换、违规倒卖等方式，套取粮食价差和财政补贴，骗取信贷资金；

（三）挤占、挪用、克扣财政补贴、信贷资金；

（四）以政策性粮食为债务作担保或者清偿债务；

（五）利用政策性粮食进行除政府委托的政策性任务以外的其他商业经营；

（六）在政策性粮食出库时掺杂使假、以次充好、调换标的物，拒不执行出库指令或者阻挠出库；

（七）购买国家限定用途的政策性粮食，违规倒卖或者不按照规定用途处置；

（八）擅自动用政策性粮食；

（九）其他违反国家政策性粮食经营管理规定的行为。

第二十一条　国有粮食企业应当积极收购粮食，并做好政策性粮食购销工作，服从和服务于国家宏观调控。

第二十二条　对符合贷款条件的粮食收购者，银行应当按照国家有关规定及时提供收购贷款。

中国农业发展银行应当保证中央和地方储备粮以及其他政策性粮食的信贷资金需要，对国有粮食企业、大型粮食产业化龙头企业和其他粮食企业，按企业的风险承受能力提供信贷资金支持。

政策性粮食收购资金应当专款专用，封闭运行。

第二十三条　所有从事粮食收购、销售、储存、加工的经营者以及饲料、工业用粮企业，应当建立粮食经营台账，并向所在地的县级人民政府粮食和储备行政管理部门报送粮食购进、销售、储存等基本数据和有关情况。粮食经营台账的保存期限不得少于3年。粮食经营者报送的基本数据和有关情况涉及商业秘密的，粮食和储备行政管理部门负有保密义务。

国家粮食流通统计依照《中华人民共和国统计法》的有关规定执行。

第二十四条　县级以上人民政府粮食和储备行政管理部门应当建立粮食经营者信用档案，记录日常监督检查结果、违法行为查处情况，并依法向社会公示。

粮食行业协会以及中介组织应当加强行业自律，在维护粮食市场秩序方面发挥监督和协调作用。

第二十五条　国家鼓励和支持开发、推广应用先进的粮食储存、运输、加工和信息化技术，开展珍惜和节约粮食宣传教育。

县级以上人民政府粮食和储备行政管理部门应当加强对粮食经营者的指导和服务，引导粮食经营者节约粮食、降低粮食损失损耗。

第三章 宏观调控

第二十六条 国家采取政策性粮食购销、粮食进出口等多种经济手段和必要的行政手段，加强对粮食市场的调控，保持全国粮食供求总量基本平衡和市场基本稳定。

第二十七条 国家实行中央和地方分级粮食储备制度。粮食储备用于调节粮食供求、稳定粮食市场，以及应对重大自然灾害或者其他突发事件等情况。

政策性粮食的采购和销售，原则上通过规范的粮食交易中心公开进行，也可以通过国家规定的其他方式进行。

第二十八条 国务院和地方人民政府建立健全粮食风险基金制度。粮食风险基金主要用于支持粮食储备、稳定粮食市场等。

国务院和地方人民政府财政部门负责粮食风险基金的监督管理，确保专款专用。

第二十九条 为保障市场供应、保护种粮农民利益，必要时可由国务院根据粮食安全形势，结合财政状况，决定对重点粮食品种在粮食主产区实行政策性收储。

当粮食价格显著上涨或者有可能显著上涨时，国务院和省、自治区、直辖市人民政府可以按照《中华人民共和国价格法》的规定，采取价格干预措施。

第三十条 国务院发展改革部门及国家粮食和储备行政管理部门会同国务院农业农村、统计、市场监督管理等部门负责粮食市场供求形势的监测和预警分析，健全监测和预警体系，完善粮食供需抽查制度，发布粮食生产、消费、价格、质量等信息。

第三十一条 国家鼓励粮食主产区和主销区以多种形式建立稳

定的产销关系,鼓励培育生产、收购、储存、加工、销售一体化的粮食企业,支持建设粮食生产、加工、物流基地或者园区,加强对政府储备粮油仓储物流设施的保护,鼓励发展订单农业。在执行政策性收储时国家给予必要的经济优惠,并在粮食运输方面给予优先安排。

第三十二条 在重大自然灾害、重大疫情或者其他突发事件引起粮食市场供求异常波动时,国家实施粮食应急机制。

第三十三条 国家建立突发事件的粮食应急体系。国务院发展改革部门及国家粮食和储备行政管理部门会同国务院有关部门制定全国的粮食应急预案,报请国务院批准。省、自治区、直辖市人民政府根据本地区的实际情况,制定本行政区域的粮食应急预案。

第三十四条 启动全国的粮食应急预案,由国务院发展改革部门及国家粮食和储备行政管理部门提出建议,报国务院批准后实施。

启动省、自治区、直辖市的粮食应急预案,由省、自治区、直辖市发展改革部门及粮食和储备行政管理部门提出建议,报本级人民政府决定,并向国务院报告。

设区的市级、县级人民政府粮食应急预案的制定和启动,由省、自治区、直辖市人民政府决定。

第三十五条 粮食应急预案启动后,粮食经营者必须按照国家要求承担应急任务,服从国家的统一安排和调度,保证应急的需要。

第三十六条 国家鼓励发展粮食产业经济,提高优质粮食供给水平,鼓励粮食产业化龙头企业提供安全优质的粮食产品。

第四章 监督检查

第三十七条 国家建立健全粮食流通质量安全风险监测体系。国务院卫生健康、市场监督管理以及国家粮食和储备行政管理等部门，分别按照职责组织实施全国粮食流通质量安全风险监测；省、自治区、直辖市人民政府卫生健康、市场监督管理、粮食和储备行政管理等部门，分别按照职责组织实施本行政区域的粮食流通质量安全风险监测。

第三十八条 粮食和储备行政管理部门依照本条例对粮食经营者从事粮食收购、储存、运输活动和政策性粮食的购销活动，以及执行国家粮食流通统计制度的情况进行监督检查。

粮食和储备行政管理部门在监督检查过程中，可以进入粮食经营者经营场所，查阅有关资料、凭证；检查粮食数量、质量和储存安全情况；检查粮食仓储设施、设备是否符合有关标准和技术规范；向有关单位和人员调查了解相关情况；查封、扣押非法收购或者不符合国家粮食质量安全标准的粮食，用于违法经营或者被污染的工具、设备以及有关账簿资料；查封违法从事粮食经营活动的场所。

第三十九条 市场监督管理部门依照有关法律、法规的规定，对粮食经营活动中的扰乱市场秩序行为、违法交易行为以及价格违法行为进行监督检查。

第四十条 县级以上地方人民政府应当加强本行政区域粮食污染监控，建立健全被污染粮食收购处置长效机制，发现区域性粮食污染的，应当及时采取处置措施。

被污染粮食处置办法由国家粮食和储备行政管理部门会同国务院有关部门制定。

第四十一条　任何单位和个人有权对违反本条例规定的行为向有关部门检举。有关部门应当为检举人保密，并依法及时处理。

第五章　法律责任

第四十二条　违反本条例规定，粮食和储备行政管理部门和其他有关部门不依法履行粮食流通管理和监督职责的，对负有责任的领导人员和直接责任人员依法给予处分。

第四十三条　粮食收购企业未按照规定备案或者提供虚假备案信息的，由粮食和储备行政管理部门责令改正，给予警告；拒不改正的，处2万元以上5万元以下罚款。

第四十四条　粮食收购者有未按照规定告知、公示粮食收购价格或者收购粮食压级压价，垄断或者操纵价格等价格违法行为的，由市场监督管理部门依照《中华人民共和国价格法》、《中华人民共和国反垄断法》的有关规定予以处罚。

第四十五条　有下列情形之一的，由粮食和储备行政管理部门责令改正，给予警告，可以并处20万元以下罚款；情节严重的，并处20万元以上50万元以下罚款：

（一）粮食收购者未执行国家粮食质量标准的；

（二）粮食收购者未及时向售粮者支付售粮款的；

（三）粮食收购者违反本条例规定代扣、代缴税、费和其他款项的；

（四）粮食收购者收购粮食，未按照国家有关规定进行质量安全检验，或者对不符合食品安全标准的粮食未作为非食用用途单独储存；

（五）从事粮食收购、销售、储存、加工的粮食经营者以及饲料、工业用粮企业未建立粮食经营台账，或者未按照规定报送粮食基本数据和有关情况；

（六）粮食储存企业未按照规定进行粮食销售出库质量安全检验。

第四十六条　粮食收购者、粮食储存企业未按照本条例规定使用仓储设施、运输工具的，由粮食和储备行政管理等部门按照职责责令改正，给予警告；被污染的粮食不得非法销售、加工。

第四十七条　粮食收购者、粮食储存企业将下列粮食作为食用用途销售出库的，由粮食和储备行政管理部门没收违法所得；违法销售出库的粮食货值金额不足1万元的，并处1万元以上5万元以下罚款，货值金额1万元以上的，并处货值金额1倍以上5倍以下罚款：

（一）真菌毒素、农药残留、重金属等污染物质以及其他危害人体健康的物质含量超过食品安全标准限量的；

（二）霉变或者色泽、气味异常的；

（三）储存期间使用储粮药剂未满安全间隔期的；

（四）被包装材料、容器、运输工具等污染的；

（五）其他法律、法规或者国家有关规定明确不得作为食用用途销售的。

第四十八条　从事粮食的食品生产，不符合食品安全法律、法规和标准规定的条件和要求的，由市场监督管理部门依照《中华人民共和国食品安全法》、《中华人民共和国食品安全法实施条例》等有关规定予以处罚。

第四十九条　从事政策性粮食经营活动，有下列情形之一的，由粮食和储备行政管理部门责令改正，给予警告，没收违法所得，并处50万元以上200万元以下罚款；情节严重的，并处200万元以上500万元以下罚款：

（一）虚报粮食收储数量；

（二）通过以陈顶新、以次充好、低收高转、虚假购销、虚假轮换、违规倒卖等方式，套取粮食价差和财政补贴，骗取信贷资金；

（三）挤占、挪用、克扣财政补贴、信贷资金；

（四）以政策性粮食为债务作担保或者清偿债务；

（五）利用政策性粮食进行除政府委托的政策性任务以外的其他商业经营；

（六）在政策性粮食出库时掺杂使假、以次充好、调换标的物，拒不执行出库指令或者阻挠出库；

（七）购买国家限定用途的政策性粮食，违规倒卖或者不按照规定用途处置；

（八）擅自动用政策性粮食；

（九）其他违反国家政策性粮食经营管理规定的行为。

粮食应急预案启动后，不按照国家要求承担应急任务，不服从国家的统一安排和调度的，依照前款规定予以处罚。

第五十条　对粮食经营活动中的扰乱市场秩序、违法交易等行为，由市场监督管理部门依照有关法律、法规的规定予以处罚。

第五十一条　从事粮食经营活动的企业有违反本条例规定的违法情形且情节严重的，对其法定代表人、主要负责人、直接负责的主管人员和其他直接责任人员处以其上一年度从本企业取得收入的1倍以上10倍以下罚款。

第五十二条　违反本条例规定，阻碍粮食自由流通的，依照

《国务院关于禁止在市场经济活动中实行地区封锁的规定》给予处罚。

第五十三条 违反本条例规定，构成违反治安管理行为的，由公安机关依法给予治安管理处罚；构成犯罪的，依法追究刑事责任。

第六章 附 则

第五十四条 本条例下列用语的含义是：

粮食收购，是指向种粮农民、其他粮食生产者或者粮食经纪人、农民专业合作社等批量购买粮食的活动。

粮食加工，是指通过处理将原粮转化成半成品粮、成品粮以及其他食用或者非食用产品的活动。

政策性粮食，是指政府指定或者委托粮食经营者购买、储存、加工、销售，并给予财政、金融等方面政策性支持的粮食，包括但不限于政府储备粮。

粮食经纪人，是指以个人或者家庭为经营主体，直接向种粮农民、其他粮食生产者、农民专业合作社批量购买粮食的经营者。

技术规范，是指尚未制定国家标准、行业标准，国家粮食和储备行政管理部门根据监督管理工作需要制定的补充技术要求。

第五十五条 大豆、油料和食用植物油的收购、销售、储存、运输、加工、进出口等经营活动，适用本条例除第九条第二款以外的规定。

粮食进出口的管理，依照有关法律、法规的规定执行。

第五十六条 本条例自2021年4月15日起施行。

●《粮食节约行动方案》

党的十八大以来，以习近平同志为核心的党中央高度重视节粮减损工作，强调要采取综合措施降低粮食损耗浪费，坚决刹住浪费粮食的不良风气。近年来，各地区各部门认真贯彻落实党中央有关决策部署，不断加大厉行节约、反对食品浪费工作力度，取得积极成效，但浪费问题仍不容忽视，加强粮食全产业链各环节节约减损的任务繁重。为贯彻落实党的十九届五中全会关于"开展粮食节约行动"的部署要求，推动实施《中华人民共和国反食品浪费法》，制定本方案。

一、总体要求

以习近平新时代中国特色社会主义思想为指导，坚持系统治理、依法治理、长效治理，坚持党委领导、政府主导、行业引导、公众参与，突出重点领域和关键环节，强化刚性制度约束，推动粮食全产业链各环节节约减损取得实效，为加快构建更高层次、更高质量、更有效率、更可持续的国家粮食安全保障体系奠定坚实基础。

到2025年，粮食全产业链各环节节粮减损举措更加硬化实化细化，推动节粮减损取得更加明显成效，节粮减损制度体系、标准体系和监测体系基本建立，常态长效治理机制基本健全，"光盘行动"深入开展，食品浪费问题得到有效遏制，节约粮食、反对浪费在全社会蔚然成风。

二、强化农业生产环节节约减损

（一）推进农业节约用种。完善主要粮食作物品种审定标准，突出高产高效、多抗广适、低损收获的品种特性，加快选育节种宜机品种。编制推进节种减损机械研发导向目录，加大先进适用精量播种机等研发推广力度。集成推广水稻工厂化集中育秧、玉米单粒精播、小麦精量半精量播种，以及种肥同播等关键技术。

（二）减少田间地头收获损耗。着力推进粮食精细收获，强化农机、农艺、品种集成配套，提高关键技术到位率和覆盖率。制定修订水稻、玉米、小麦、大豆机收减损技术指导规范，引导农户适时择机收获。鼓励地方提升应急抢种抢收装备和应急服务供给能力。加快推广应用智能绿色高效收获机械。将农机手培训纳入高素质农民培育工程，提高机手规范操作能力。

三、加强粮食储存环节减损

（三）改善粮食产后烘干条件。将粮食烘干成套设施装备纳入农机新产品补贴试点范围，提升烘干能力。鼓励产粮大县推进环保烘干设施应用，加大绿色热源烘干设备推广力度。鼓励新型农业经营主体、粮食企业、粮食产后服务中心等为农户提供粮食烘干服务，烘干用地用电统一按农用标准管理。

（四）支持引导农户科学储粮。加强农户科学储粮技术培训和服务。开展不同规模农户储粮装具选型及示范应用。在东北地区推广农户节约简捷高效储粮装具，逐步解决"地趴粮"问题。

（五）推进仓储设施节约减损。鼓励开展绿色仓储提升行动和绿色储粮标准化试点。升级修缮老旧仓房，推进粮食仓储信息化。推动粮仓设施分类分级和规范管理，提高用仓质量和效能。

四、加强粮食运输环节减损保障

（六）完善运输基础设施和装备。建设铁路专用线、专用码头、散粮中转及配套设施，减少运输环节粮食损耗。推广粮食专用散装运输车、铁路散粮车、散装运输船、敞顶集装箱、港口专用装卸机械和回收设备。加强港口集疏运体系建设，发展粮食集装箱公铁水多式联运。

（七）健全农村粮食物流服务网络。结合"四好农村路"建设，完善农村交通运输网络，提升粮食运输服务水平。

（八）开展物流标准化示范。发展规范化、标准化、信息化散粮运输服务体系，探索应用粮食高效减损物流模式，推动散粮运输设备无缝对接。在"北粮南运"重点线路、关键节点，开展多式联运高效物流衔接技术示范。

五、加快推进粮食加工环节节粮减损

（九）提高粮油加工转化率。制定修订小麦粉等口粮、食用油加工标准，完善适度加工标准，合理确定加工精度等指标，引导消费者逐步走出过度追求"精米白面"的饮食误区，提高粮油出品率。提升粮食加工行业数字化管理水平。推进面粉加工设备智能化改造，推广低温升碾米设备，鼓励应用柔性大米加工设备，引导油料油脂适度加工。发展全谷物产业，启动"国家全谷物行动计划"。创新食品加工配送模式，支持餐饮单位充分利用中央厨房，加快主食配送中心和冷链配套体系建设。

（十）加强饲料粮减量替代。推广猪鸡饲料中玉米、豆粕减量替代技术，充分挖掘利用杂粮、杂粕、粮食加工副产物等替代资源。改进制油工艺，提高杂粕质量。完善国家饲料原料营养价值数据库，引导饲料企业建立多元化饲料配方结构，推广饲料精准配方技术和精准配制工艺。加快推广低蛋白日粮技术，提高蛋白饲料利用效率，降低豆粕添加比例。增加优质饲草供应，降低牛羊养殖中精饲料用量。

（十一）加强粮食资源综合利用。有效利用米糠、麸皮、胚芽、油料粕、薯渣薯液等粮油加工副产物，生产食用产品、功能物质及工业制品。对以粮食为原料的生物质能源加工业发展进行调控。

六、坚决遏制餐饮消费环节浪费

（十二）加强餐饮行业经营行为管理。完善餐饮行业反食品浪费制度，健全行业标准、服务规范。鼓励引导餐饮服务经营者主动提示消费者适量点餐，主动提供"小份菜"、"小份饭"等服务，在菜单或网络餐饮服务平台的展示页面上向消费者提供食品分量、规格或者建议消费人数等信息。充分发挥媒体、消费者等社会监督作用，鼓励通过服务热线反映举报餐饮服务经营者浪费行为。对餐饮服务经营者食品浪费违法行为，依法严肃查处。

（十三）落实单位食堂反食品浪费管理责任。单位食堂要加强食品采购、储存、加工动态管理，推行荤素搭配、少油少盐等健康饮食方式，制定实施防止食品浪费措施。鼓励采取预约用餐、按量配餐、小份供餐、按需补餐等方式，科学采购和使用食材。抓好机关食堂用餐节约，实施机关食堂反食品浪费工作成效评估和通报制度。开展单位食堂检查，纠正浪费行为。

（十四）加强公务活动用餐节约。各级党政机关、国有企事业单位要落实中央八项规定及其实施细则精神，切实加强公务接待、会议、培训等公务活动用餐管理。按照健康、节约要求，科学合理安排饭菜数量，原则上实行自助餐。严禁以会议、培训等名义组织宴请或大吃大喝。

（十五）建立健全学校餐饮节约管理长效机制。强化学校就餐现场管理,加大就餐检查力度,落实中小学、幼儿园集中用餐陪餐制度。加强家校合作,强化家庭教育,培养学生勤俭节约、杜绝浪费的良好饮食习惯。广泛开展劳动教育,积极组织多种形式的粮食节约实践教育活动。

(十六)减少家庭和个人食品浪费。加强公众营养膳食科普知识宣传,倡导营养均衡、科学文明的饮食习惯,鼓励家庭科学制定膳食计划,按需采买食品,充分利用食材。提倡采用小分量、多样化、营养搭配的烹饪方式。

(十七)推进厨余垃圾资源化利用。指导地方建立厨余垃圾收集、投放、运输、处理体系,推动源头减量。通过中央预算内投资、企业发行绿色债券等方式,支持厨余垃圾资源化利用和无害化处理,引导社会资本积极参与。做好厨余垃圾分类收集。探索推进餐桌剩余食物饲料化利用。

七、大力推进节粮减损科技创新

(十八)强化粮食生产技术支撑。推动气吸排种、低损喂入、高效清选、作业监测等播种收获环节关键共性技术研发。突破地形匹配技术,研发与丘陵山区农业生产模式配套的先进适用技术装备,抓好关键零部件精密制造,减少丘陵山区粮食机械收获损耗。加强对倒伏等受灾作物收获机械的研发。引导企业开展粮食高效低损收获机械攻关,优化割台、脱粒、分离、清选能力。

(十九)推进储运减损关键技术提质升级。发展安全低温高效节能储粮智能化技术。提升仓储虫霉防控水平,研制新药剂。推广粮食安全储藏新仓型,推进横向通风储粮技术等应用。研发移动式烘干设备,加快试验验证。研究运输工具标准化技术,开发散粮多式联运衔接和接卸技术装备、粮食防分级防破碎入仓装置和设备。

（二十）提升粮食加工技术与装备研发水平。发展全谷物原料质量稳定控制、食用品质改良、活性保持等技术，开发营养保全型全谷物食品。研究原粮增值加工等关键技术，发展杂粮食品生产品质控制、营养均衡调配、生物加工等关键技术。布局以粮食加工为主导产业的国家农业高新技术产业示范区，推动产业向高端化、智能化、绿色化转变，提升副产物利用技术水平。

八、加强节粮减损宣传教育引导

（二十一）开展节粮减损文明创建。把节粮减损要求融入市民公约、村规民约、行业规范等，推进粮食节约宣传教育进机关、进学校、进企业、进社区、进农村、进家庭、进军营。将文明餐桌、"光盘行动"等要求纳入文明城市、文明村镇、文明单位、文明家庭、文明校园创建内容，切实发挥各类创建的导向和示范作用。

（二十二）强化节粮舆论宣传。深入宣传阐释节粮减损法律法规、政策措施，普及节粮减损技术和相关知识。深化公益宣传，精心制作播出节约粮食、反对浪费公益广告。在用餐场所明显位置张贴宣传标语或宣传画，增强反食品浪费意识。充分利用世界粮食日和全国粮食安全宣传周等重要时间节点，广泛宣传报道节粮减损经验做法和典型事例。加强粮食安全舆情监测，主动回应社会关切。做好舆论监督，对粮食浪费行为进行曝光。禁止制作、发布、传播宣扬暴饮暴食等浪费行为的节目或者音视频信息。

（二十三）持续推进移风易俗。倡导文明节俭办婚丧，鼓励城乡居民"婚事新办、丧事简办、余事不办"，严格控制酒席规模和标准，遏制大操大办、铺张浪费。

（二十四）开展国际节粮减损合作。积极参加联合国粮食系统峰会、减少食物浪费全球行动等活动，向国际社会分享粮食减损经验。推动多双边渠道开展节粮减损的联合研究、技术示范和人员培训等合作交流。推动国际粮食减损大会机制化。

九、强化保障措施

（二十五）加强组织领导。各地区各部门要站在保障国家粮食安全的高度，切实增强做好节粮减损工作的责任感和紧迫感，将节粮减损工作纳入粮食安全责任制考核，坚持党政同责，压实工作责任。各牵头部门要结合自身职责，紧盯粮食全产业链各环节，提出年度节粮减损目标任务和落实措施。各有关部门要结合自身职责，密切配合、主动作为、形成合力，确保节粮减损工作取得扎实成效。

（二十六）完善制度标准。强化依法管粮节粮，全面落实《中华人民共和国反食品浪费法》，制定粮食安全保障法。完善相关配套制度，加快建立符合节粮减损要求的粮食全产业链标准，制定促进粮食节约的国家标准和行业标准。行业协会要制定发布全链条减损降耗的团体标准，对不执行团体标准、造成粮食过度损耗的企业和行为按规定进行严格约束。

（二十七）建立调查评估机制。探索粮食损失浪费调查评估方法，建立粮食损失浪费评价标准。研究建立全链条粮食损失浪费评估指标体系，定期开展数据汇总和分析评估。开展食品浪费统计研究。

（二十八）加强监督管理。研究建立减少粮食损耗浪费的成效评估、通报、奖惩制度。建立部门监管、行业自律、社会监督等相结合的监管体系，综合运用自查、抽查、核查等方式，持续开展常态化监管。

● 《关于防止耕地"非粮化"稳定粮食生产的意见》

国务院办公厅关于防止耕地"非粮化"稳定粮食生产的意见
国办发〔2020〕44号

各省、自治区、直辖市人民政府，国务院各部委、各直属机构：

近年来，我国农业结构不断优化，区域布局趋于合理，粮食生产连年丰收，有力保障了国家粮食安全，为稳定经济社会发展大局提供坚实支撑。与此同时，部分地区也出现耕地"非粮化"倾向，一些地方把农业结构调整简单理解为压减粮食生产，一些经营主体违规在永久基本农田上种树挖塘，一些工商资本大规模流转耕地改种非粮作物等，这些问题如果任其发展，将影响国家粮食安全。各地区各部门要坚持以习近平新时代中国特色社会主义思想为指导，增强"四个意识"、坚定"四个自信"、做到"两个维护"，认真落实党中央、国务院决策部署，采取有力举措防止耕地"非粮化"，切实稳定粮食生产，牢牢守住国家粮食安全的生命线。经国务院同意，现提出以下意见。

一、充分认识防止耕地"非粮化"稳定粮食生产的重要性紧迫性

（一）坚持把确保国家粮食安全作为"三农"工作的首要任务。随着我国人口增长、消费结构不断升级和资源环境承载能力趋紧，粮食产需仍将维持紧平衡态势。新冠肺炎疫情全球大流行，国际农产品市场供给不确定性增加，必须以稳定国内粮食生产来应对国际形势变化带来的不确定性。各地区各部门要始终绷紧国家粮食安全这根弦，把稳定粮食生产作为农业供给侧结构性改革的前提，着力稳政策、稳面积、稳产量，坚持耕地管控、建设、激励多措并举，不断巩固提升粮食综合生产能力，确保谷物基本自给、口粮绝对安全，切实把握国家粮食安全主动权。

（二）坚持科学合理利用耕地资源。耕地是粮食生产的根基。我国耕地总量少，质量总体不高，后备资源不足，水热资源空间分布不匹配，确保国家粮食安全，必须处理好发展粮食生产和发挥比较效益的关系，不能单纯以经济效益决定耕地用途，必须将有限的耕地资源优先用于粮食生产。各地区各部门要认真落实重要农产品保障战略，进一步优化区域布局和生产结构，实施最严格的耕地保护制度，科学合理利用耕地资源，防止耕地"非粮化"，切实提高保障国家粮食安全和重要农产品有效供给水平。

（三）坚持共同扛起保障国家粮食安全的责任。我国人多地少的基本国情决定了必须举全国之力解决14亿人口的吃饭大事。各地区都有保障国家粮食安全的责任和义务，粮食主产区要努力发挥优势，巩固提升粮食综合生产能力，继续为全国作贡献；产销平衡区和主销区要保持应有的自给率，确保粮食种植面积不减少、产能有提升、产量不下降，共同维护好国家粮食安全。

二、坚持问题导向，坚决防止耕地"非粮化"倾向

（四）明确耕地利用优先序。对耕地实行特殊保护和用途管制，严格控制耕地转为林地、园地等其他类型农用地。永久基本农田是依法划定的优质耕地，要重点用于发展粮食生产，特别是保障稻谷、小麦、玉米三大谷物的种植面积。一般耕地应主要用于粮食和棉、油、糖、蔬菜等农产品及饲草饲料生产。耕地在优先满足粮食和食用农产品生产基础上，适度用于非食用农产品生产，对市场明显过

剩的非食用农产品，要加以引导，防止无序发展。

（五）加强粮食生产功能区监管。各地区要把粮食生产功能区落实到地块，引导种植目标作物，保障粮食种植面积。组织开展粮食生产功能区划定情况"回头看"，对粮食种植面积大但划定面积少的进行补划，对耕地性质发生改变、不符合划定标准的予以剔除并及时补划。引导作物一年两熟以上的粮食生产功能区至少生产一季粮食，种植非粮作物的要在一季后能够恢复粮食生产。不得擅自调整粮食生产功能区，不得违规在粮食生产功能区内建设种植和养殖设施，不得违规将粮食生产功能区纳入退耕还林还草范围，不得在粮食生产功能区内超标准建设农田林网。

（六）稳定非主产区粮食种植面积。粮食产销平衡区和主销区要按照重要农产品区域布局及分品种生产供给方案要求，制定具体实施方案并抓好落实，扭转粮食种植面积下滑势头。产销平衡区要着力建成一批旱涝保收、高产稳产的口粮田，保证粮食基本自给。主销区要明确粮食种植面积底线，稳定和提高粮食自给率。

（七）有序引导工商资本下乡。鼓励和引导工商资本到农村从事良种繁育、粮食加工流通和粮食生产专业化社会化服务等。尽快修订农村土地经营权流转管理办法，督促各地区抓紧建立健全工商资本流转土地资格审查和项目审核制度，强化租赁农地监测监管，对工商资本违反相关产业发展规划大规模流转耕地不种粮的"非粮化"行为，一经发现要坚决予以纠正，并立即停止其享受相关扶持政策。

（八）严禁违规占用永久基本农田种树挖塘。贯彻土地管理法、基本农田保护条例有关规定，落实耕地保护目标和永久基本农田保护任务。严格规范永久基本农田上农业生产经营活动，禁止占用永久基本农田从事林果业以及挖塘养鱼、非法取土等破坏耕作层的行为，禁止闲置、荒芜永久基本农田。利用永久基本农田发展稻渔、稻虾、稻蟹等综合立体种养，应当以不破坏永久基本农田为前提，沟坑占比要符合稻渔综合种养技术规范通则标准。推动制订和完善相关法律法规，明确对占用永久基本农田从事林果业、挖塘养鱼等的处罚措施。

三、强化激励约束，落实粮食生产责任

（九）严格落实粮食安全省长责任制。各省、自治区、直辖市人民政府要切实承担起保障本地区粮食安全的主体责任，稳定粮食种植面积，将粮食生产目标任务分解到市县。要坚决遏制住耕地"非粮化"增量，同时对存量问题摸清情况，从实际出发，分类稳妥处置，不搞"一刀切"。国家发展改革委、农业农村部、国家粮食和储备局等部门要将防止耕地"非粮化"作为粮食安全省长责任制考核重要内容，提高粮食种植面积、产量和高标准农田建设等考核指标权重，细化对粮食主产区、产销平衡区和主销区的考核要求。严格考核并强化结果运用，对成绩突出的省份进行表扬，对落实不力的省份进行通报约谈，并与相关支持政策和资金相衔接。

（十）完善粮食生产支持政策。落实产粮大县奖励政策，健全粮食主产区利益补偿机制，着力保护和调动地方各级政府重农抓粮、农民务农种粮的积极性。将省域内高标准农田建设产生的新增耕地指标调剂收益优先用于农田建设再投入和债券偿还、贴息等。加大粮食生产功能区政策支持力度，相关农业资金向粮食生产功能区倾斜，优先支持粮食生产功能区内目标作物种植，加快把粮食生产功能区建成"一季千斤、两季一吨"的高标准粮田。加强对种粮主体的政策激励，支持家庭农场、农民合作社发展粮食适度规模经营，大力推进代耕代种、统防统治、土地托管等农业生产社会化服务，提高种粮规模效益。完善小麦稻谷最低收购价政策，继续实施稻谷补贴和玉米大豆生产者补贴，继续推进三大粮食作物完全成本保险和收入保险试点。积极开展粮食生产薄弱环节机械化技术试验示范，着力解决水稻机插、玉米籽粒机收等瓶颈问题，加快丘陵山区农田宜机化改造。支持建设粮食产后烘干、加工设施，延长产业链条，提高粮食经营效益。

（十一）加强耕地种粮情况监测。农业农村部、自然资源部要综合运用卫星遥感等现代信息技术，每半年开展一次全国耕地种粮情况监测评价，建立耕地"非粮化"情况通报机制。各地区要对本区域耕地种粮情况进行动态监测评价，发现问题及时整改，重大情况及时报告。定期对粮食生产功能区内目标作物种植情况进行监测评价，实行信息化、精细化管理，及时更新电子地图和数据库。

（十二）加强组织领导。各省、自治区、直辖市人民政府要按照本意见要求，抓紧制定工作方案，完善相关政策措施，稳妥有序抓好贯彻落实，于 2020 年年底前将有关落实情况报国务院，并抄送农业农村部、自然资源部。各有关部门要按照职责分工，切实做好相关工作。农业农村部、自然资源部要会同有关部门做好对本意见执行情况的监督检查。

国务院办公厅
2020 年 11 月 4 日

《中华人民共和国农产品质量安全法》

中华人民共和国农产品质量安全法

（2006年4月29日第十届全国人民代表大会常务委员会第二十一次会议通过 根据2018年10月26日第十三届全国人民代表大会常务委员会第六次会议《关于修改〈中华人民共和国野生动物保护法〉等十五部法律的决定》修正 2022年9月2日第十三届全国人民代表大会常务委员会第三十六次会议修订）

目 录

第一章 总 则
第二章 农产品质量安全风险管理和标准制定
第三章 农产品产地
第四章 农产品生产
第五章 农产品销售
第六章 监督管理
第七章 法律责任
第八章 附 则

第一章 总 则

第一条 为了保障农产品质量安全，维护公众健康，促进农业和农村经济发展，制定本法。

第二条 本法所称农产品，是指来源于种植业、林业、畜牧业和渔业等的初级产品，即在农业活动中获得的植物、动物、微生物及其产品。

本法所称农产品质量安全,是指农产品质量达到农产品质量安全标准,符合保障人的健康、安全的要求。

第三条 与农产品质量安全有关的农产品生产经营及其监督管理活动,适用本法。

《中华人民共和国食品安全法》对食用农产品的市场销售、有关质量安全标准的制定、有关安全信息的公布和农业投入品已经作出规定的,应当遵守其规定。

第四条 国家加强农产品质量安全工作,实行源头治理、风险管理、全程控制,建立科学、严格的监督管理制度,构建协同、高效的社会共治体系。

第五条 国务院农业农村主管部门、市场监督管理部门依照本法和规定的职责,对农产品质量安全实施监督管理。

国务院其他有关部门依照本法和规定的职责承担农产品质量安全的有关工作。

第六条 县级以上地方人民政府对本行政区域的农产品质量安全工作负责,统一领导、组织、协调本行政区域的农产品质量安全工作,建立健全农产品质量安全工作机制,提高农产品质量安全水平。

县级以上地方人民政府应当依照本法和有关规定,确定本级农业农村主管部门、市场监督管理部门和其他有关部门的农产品质量安全监督管理工作职责。各有关部门在职责范围内负责本行政区域的农产品质量安全监督管理工作。

乡镇人民政府应当落实农产品质量安全监督管理责任,协助上级人民政府及其有关部门做好农产品质量安全监督管理工作。

第七条　农产品生产经营者应当对其生产经营的农产品质量安全负责。

农产品生产经营者应当依照法律、法规和农产品质量安全标准从事生产经营活动，诚信自律，接受社会监督，承担社会责任。

第八条　县级以上人民政府应当将农产品质量安全管理工作纳入本级国民经济和社会发展规划，所需经费列入本级预算，加强农产品质量安全监督管理能力建设。

第九条　国家引导、推广农产品标准化生产，鼓励和支持生产绿色优质农产品，禁止生产、销售不符合国家规定的农产品质量安全标准的农产品。

第十条　国家支持农产品质量安全科学技术研究，推行科学的质量安全管理方法，推广先进安全的生产技术。国家加强农产品质量安全科学技术国际交流与合作。

第十一条　各级人民政府及有关部门应当加强农产品质量安全知识的宣传，发挥基层群众性自治组织、农村集体经济组织的优势和作用，指导农产品生产经营者加强质量安全管理，保障农产品消费安全。

新闻媒体应当开展农产品质量安全法律、法规和农产品质量安全知识的公益宣传，对违法行为进行舆论监督。有关农产品质量安全的宣传报道应当真实、公正。

第十二条　农民专业合作社和农产品行业协会等应当及时为其成员提供生产技术服务，建立农产品质量安全管理制度，健全农产品质量安全控制体系，加强自律管理。

第二章　农产品质量安全风险管理和标准制定

第十三条　国家建立农产品质量安全风险监测制度。

国务院农业农村主管部门应当制定国家农产品质量安全风险监测计划，并对重点区域、重点农产品品种进行质量安全风险监测。省、自治区、直辖市人民政府农业农村主管部门应当根据国家农产品质量安全风险监测计划，结合本行政区域农产品生产经营实际，制定本行政区域的农产品质量安全风险监测实施方案，并报国务院农业农村主管部门备案。县级以上地方人民政府农业农村主管部门负责组织实施本行政区域的农产品质量安全风险监测。

县级以上人民政府市场监督管理部门和其他有关部门获知有关农产品质量安全风险信息后，应当立即核实并向同级农业农村主管部门通报。接到通报的农业农村主管部门应当及时上报。制定农产品质量安全风险监测计划、实施方案的部门应当及时研究分析，必要时进行调整。

第十四条　国家建立农产品质量安全风险评估制度。

国务院农业农村主管部门应当设立农产品质量安全风险评估专家委员会，对可能影响农产品质量安全的潜在危害进行风险分析和评估。国务院卫生健康、市场监督管理等部门发现需要对农产品进行质量安全风险评估的，应当向国务院农业农村主管部门提出风险评估建议。

农产品质量安全风险评估专家委员会由农业、食品、营养、生物、环境、医学、化工等方面的专家组成。

第十五条　国务院农业农村主管部门应当根据农产品质量安全风险监测、风险评估结果采取相应的管理措施，并将农产品质量安全风险监测、风险评估结果及时通报国务院市场监督管理、卫生健康等部门和有关省、自治区、直辖市人民政府农业农村主管部门。

县级以上人民政府农业农村主管部门开展农产品质量安全风险监测和风险评估工作时，可以根据需要进入农产品产地、储存场所及批发、零售市场。采集样品应当按照市场价格支付费用。

第十六条　国家建立健全农产品质量安全标准体系，确保严格实施。农产品质量安全标准是强制执行的标准，包括以下与农产品质量安全有关的要求：

（一）农业投入品质量要求、使用范围、用法、用量、安全间隔期和休药期规定；

（二）农产品产地环境、生产过程管控、储存、运输要求；

（三）农产品关键成分指标等要求；

（四）与屠宰畜禽有关的检验规程；

（五）其他与农产品质量安全有关的强制性要求。

《中华人民共和国食品安全法》对食用农产品的有关质量安全标准作出规定的，依照其规定执行。

第十七条　农产品质量安全标准的制定和发布，依照法律、行政法规的规定执行。

制定农产品质量安全标准应当充分考虑农产品质量安全风险评估结果，并听取农产品生产经营者、消费者、有关部门、行业协会等的意见，保障农产品消费安全。

第十八条　农产品质量安全标准应当根据科学技术发展水平以及农产品质量安全的需要，及时修订。

第十九条　农产品质量安全标准由农业农村主管部门商有关部

门推进实施。

第三章 农产品产地

第二十条 国家建立健全农产品产地监测制度。

县级以上地方人民政府农业农村主管部门应当会同同级生态环境、自然资源等部门制定农产品产地监测计划，加强农产品产地安全调查、监测和评价工作。

第二十一条 县级以上地方人民政府农业农村主管部门应当会同同级生态环境、自然资源等部门按照保障农产品质量安全的要求，根据农产品品种特性和产地安全调查、监测、评价结果，依照土壤污染防治等法律、法规的规定提出划定特定农产品禁止生产区域的建议，报本级人民政府批准后实施。

任何单位和个人不得在特定农产品禁止生产区域种植、养殖、捕捞、采集特定农产品和建立特定农产品生产基地。

特定农产品禁止生产区域划定和管理的具体办法由国务院农业农村主管部门商国务院生态环境、自然资源等部门制定。

第二十二条 任何单位和个人不得违反有关环境保护法律、法规的规定向农产品产地排放或者倾倒废水、废气、固体废物或者其他有毒有害物质。

农业生产用水和用作肥料的固体废物，应当符合法律、法规和国家有关强制性标准的要求。

第二十三条 农产品生产者应当科学合理使用农药、兽药、肥料、农用薄膜等农业投入品，防止对农产品产地造成污染。

农药、肥料、农用薄膜等农业投入品的生产者、经营者、使用者应当按照国家有关规定回收并妥善处置包装物和废弃物。

第二十四条　县级以上人民政府应当采取措施，加强农产品基地建设，推进农业标准化示范建设，改善农产品的生产条件。

第四章　农产品生产

第二十五条　县级以上地方人民政府农业农村主管部门应当根据本地区的实际情况，制定保障农产品质量安全的生产技术要求和操作规程，并加强对农产品生产经营者的培训和指导。

农业技术推广机构应当加强对农产品生产经营者质量安全知识和技能的培训。国家鼓励科研教育机构开展农产品质量安全培训。

第二十六条　农产品生产企业、农民专业合作社、农业社会化服务组织应当加强农产品质量安全管理。

农产品生产企业应当建立农产品质量安全管理制度，配备相应的技术人员；不具备配备条件的，应当委托具有专业技术知识的人员进行农产品质量安全指导。

国家鼓励和支持农产品生产企业、农民专业合作社、农业社会化服务组织建立和实施危害分析和关键控制点体系，实施良好农业规范，提高农产品质量安全管理水平。

第二十七条　农产品生产企业、农民专业合作社、农业社会化服务组织应当建立农产品生产记录，如实记载下列事项：

（一）使用农业投入品的名称、来源、用法、用量和使用、停用的日期；

（二）动物疫病、农作物病虫害的发生和防治情况；

（三）收获、屠宰或者捕捞的日期。

农产品生产记录应当至少保存二年。禁止伪造、变造农产品生产记录。

国家鼓励其他农产品生产者建立农产品生产记录。

第二十八条　对可能影响农产品质量安全的农药、兽药、饲料和饲料添加剂、肥料、兽医器械，依照有关法律、行政法规的规定实行许可制度。

省级以上人民政府农业农村主管部门应当定期或者不定期组织对可能危及农产品质量安全的农药、兽药、饲料和饲料添加剂、肥料等农业投入品进行监督抽查，并公布抽查结果。

农药、兽药经营者应当依照有关法律、行政法规的规定建立销售台账，记录购买者、销售日期和药品施用范围等内容。

第二十九条　农产品生产经营者应当依照有关法律、行政法规和国家有关强制性标准、国务院农业农村主管部门的规定，科学合理使用农药、兽药、饲料和饲料添加剂、肥料等农业投入品，严格执行农业投入品使用安全间隔期或者休药期的规定；不得超范围、超剂量使用农业投入品危及农产品质量安全。

禁止在农产品生产经营过程中使用国家禁止使用的农业投入品以及其他有毒有害物质。

第三十条　农产品生产场所以及生产活动中使用的设施、设备、消毒剂、洗涤剂等应当符合国家有关质量安全规定，防止污染农产品。

第三十一条　县级以上人民政府农业农村主管部门应当加强对农业投入品使用的监督管理和指导，建立健全农业投入品的安全使用制度，推广农业投入品科学使用技术，普及安全、环保农业投入品的使用。

第三十二条　国家鼓励和支持农产品生产经营者选用优质特色农产品品种，采用绿色生产技术和全程质量控制技术，生产绿色优质农产品，实施分等分级，提高农产品品质，打造农产品品牌。

第三十三条　国家支持农产品产地冷链物流基础设施建设，健全有关农产品冷链物流标准、服务规范和监管保障机制，保障冷链物流农产品畅通高效、安全便捷，扩大高品质市场供给。

从事农产品冷链物流的生产经营者应当依照法律、法规和有关农产品质量安全标准，加强冷链技术创新与应用、质量安全控制，执行对冷链物流农产品及其包装、运输工具、作业环境等的检验检测检疫要求，保证冷链农产品质量安全。

第五章　农产品销售

第三十四条　销售的农产品应当符合农产品质量安全标准。

农产品生产企业、农民专业合作社应当根据质量安全控制要求自行或者委托检测机构对农产品质量安全进行检测；经检测不符合农产品质量安全标准的农产品，应当及时采取管控措施，且不得销售。

农业技术推广等机构应当为农户等农产品生产经营者提供农产品检测技术服务。

第三十五条　农产品在包装、保鲜、储存、运输中所使用的保鲜剂、防腐剂、添加剂、包装材料等，应当符合国家有关强制性标准以及其他农产品质量安全规定。

储存、运输农产品的容器、工具和设备应当安全、无害。禁止将农产品与有毒有害物质一同储存、运输，防止污染农产品。

第三十六条　有下列情形之一的农产品，不得销售：

（一）含有国家禁止使用的农药、兽药或者其他化合物；

（二）农药、兽药等化学物质残留或者含有的重金属等有毒有害物质不符合农产品质量安全标准；

（三）含有的致病性寄生虫、微生物或者生物毒素不符合农产品质量安全标准；

（四）未按照国家有关强制性标准以及其他农产品质量安全规定使用保鲜剂、防腐剂、添加剂、包装材料等，或者使用的保鲜剂、防腐剂、添加剂、包装材料等不符合国家有关强制性标准以及其他质量安全规定；

（五）病死、毒死或者死因不明的动物及其产品；

（六）其他不符合农产品质量安全标准的情形。

对前款规定不得销售的农产品，应当依照法律、法规的规定进行处置。

第三十七条　农产品批发市场应当按照规定设立或者委托检测机构，对进场销售的农产品质量安全状况进行抽查检测；发现不符合农产品质量安全标准的，应当要求销售者立即停止销售，并向所在地市场监督管理、农业农村等部门报告。

农产品销售企业对其销售的农产品，应当建立健全进货检查验收制度；经查验不符合农产品质量安全标准的，不得销售。

食品生产者采购农产品等食品原料，应当依照《中华人民共和国食品安全法》的规定查验许可证和合格证明，对无法提供合格证明的，应当按照规定进行检验。

第三十八条　农产品生产企业、农民专业合作社以及从事农产品收购的单位或者个人销售的农产品，按照规定应当包装或者附加承诺达标合格证等标识的，须经包装或者附加标识后方可销售。包装物或者标识上应当按照规定标明产品的品名、产地、生产者、生产日期、保质期、产品质量等级等内容；使用添加剂的，还应当按照规定标明添加剂的名称。具体办法由国务院农业农村主管部门制定。

第三十九条 农产品生产企业、农民专业合作社应当执行法律、法规的规定和国家有关强制性标准，保证其销售的农产品符合农产品质量安全标准，并根据质量安全控制、检测结果等开具承诺达标合格证，承诺不使用禁用的农药、兽药及其他化合物且使用的常规农药、兽药残留不超标等。鼓励和支持农户销售农产品时开具承诺达标合格证。法律、行政法规对畜禽产品的质量安全合格证明有特别规定的，应当遵守其规定。

从事农产品收购的单位或者个人应当按照规定收取、保存承诺达标合格证或者其他质量安全合格证明，对其收购的农产品进行混装或者分装后销售的，应当按照规定开具承诺达标合格证。

农产品批发市场应当建立健全农产品承诺达标合格证查验等制度。

县级以上人民政府农业农村主管部门应当做好承诺达标合格证有关工作的指导服务，加强日常监督检查。

农产品质量安全承诺达标合格证管理办法由国务院农业农村主管部门会同国务院有关部门制定。

第四十条 农产品生产经营者通过网络平台销售农产品的，应当依照本法和《中华人民共和国电子商务法》《中华人民共和国食品安全法》等法律、法规的规定，严格落实质量安全责任，保证其销售的农产品符合质量安全标准。网络平台经营者应当依法加强对农产品生产经营者的管理。

第四十一条 国家对列入农产品质量安全追溯目录的农产品实施追溯管理。国务院农业农村主管部门应当会同国务院市场监督管理等部门建立农产品质量安全追溯协作机制。农产品质量安全追溯管理办法和追溯目录由国务院农业农村主管部门会同国务院市场监督管理等部门制定。

国家鼓励具备信息化条件的农产品生产经营者采用现代信息技术手段采集、留存生产记录、购销记录等生产经营信息。

第四十二条 农产品质量符合国家规定的有关优质农产品标准的，农产品生产经营者可以申请使用农产品质量标志。禁止冒用农产品质量标志。

国家加强地理标志农产品保护和管理。

第四十三条 属于农业转基因生物的农产品，应当按照农业转基因生物安全管理的有关规定进行标识。

第四十四条 依法需要实施检疫的动植物及其产品，应当附具检疫标志、检疫证明。

第六章 监督管理

第四十五条 县级以上人民政府农业农村主管部门和市场监督管理等部门应当建立健全农产品质量安全全程监督管理协作机制，确保农产品从生产到消费各环节的质量安全。

县级以上人民政府农业农村主管部门和市场监督管理部门应当加强收购、储存、运输过程中农产品质量安全监督管理的协调配合和执法衔接,及时通报和共享农产品质量安全监督管理信息,并按照职责权限,发布有关农产品质量安全日常监督管理信息。

第四十六条 县级以上人民政府农业农村主管部门应当根据农产品质量安全风险监测、风险评估结果和农产品质量安全状况等,制定监督抽查计划,确定农产品质量安全监督抽查的重点、方式和频次,并实施农产品质量安全风险分级管理。

第四十七条 县级以上人民政府农业农村主管部门应当建立健全随机抽查机制,按照监督抽查计划,组织开展农产品质量安全监督抽查。

农产品质量安全监督抽查检测应当委托符合本法规定条件的农产品质量安全检测机构进行。监督抽查不得向被抽查人收取费用,抽取的样品应当按照市场价格支付费用,并不得超过国务院农业农村主管部门规定的数量。

上级农业农村主管部门监督抽查的同批次农产品,下级农业农村主管部门不得另行重复抽查。

第四十八条 农产品质量安全检测应当充分利用现有的符合条件的检测机构。

从事农产品质量安全检测的机构,应当具备相应的检测条件和能力,由省级以上人民政府农业农村主管部门或者其授权的部门考核合格。具体办法由国务院农业农村主管部门制定。

农产品质量安全检测机构应当依法经资质认定。

第四十九条 从事农产品质量安全检测工作的人员,应当具备相应的专业知识和实际操作技能,遵纪守法,恪守职业道德。

农产品质量安全检测机构对出具的检测报告负责。检测报告应当客观公正，检测数据应当真实可靠，禁止出具虚假检测报告。

第五十条　县级以上地方人民政府农业农村主管部门可以采用国务院农业农村主管部门会同国务院市场监督管理等部门认定的快速检测方法，开展农产品质量安全监督抽查检测。抽查检测结果确定有关农产品不符合农产品质量安全标准的，可以作为行政处罚的证据。

第五十一条　农产品生产经营者对监督抽查检测结果有异议的，可以自收到检测结果之日起五个工作日内，向实施农产品质量安全监督抽查的农业农村主管部门或者其上一级农业农村主管部门申请复检。复检机构与初检机构不得为同一机构。

采用快速检测方法进行农产品质量安全监督抽查检测，被抽查人对检测结果有异议的，可以自收到检测结果时起四小时内申请复检。复检不得采用快速检测方法。

复检机构应当自收到复检样品之日起七个工作日内出具检测报告。

因检测结果错误给当事人造成损害的，依法承担赔偿责任。

第五十二条　县级以上地方人民政府农业农村主管部门应当加强对农产品生产的监督管理，开展日常检查，重点检查农产品产地环境、农业投入品购买和使用、农产品生产记录、承诺达标合格证开具等情况。

国家鼓励和支持基层群众性自治组织建立农产品质量安全信息员工作制度，协助开展有关工作。

第五十三条　开展农产品质量安全监督检查，有权采取下列措施：

（一）进入生产经营场所进行现场检查，调查了解农产品质量安全的有关情况；

（二）查阅、复制农产品生产记录、购销台账等与农产品质量安全有关的资料；

（三）抽样检测生产经营的农产品和使用的农业投入品以及其他有关产品；

（四）查封、扣押有证据证明存在农产品质量安全隐患或者经检测不符合农产品质量安全标准的农产品；

（五）查封、扣押有证据证明可能危及农产品质量安全或者经检测不符合产品质量标准的农业投入品以及其他有毒有害物质；

（六）查封、扣押用于违法生产经营农产品的设施、设备、场所以及运输工具；

（七）收缴伪造的农产品质量标志。

农产品生产经营者应当协助、配合农产品质量安全监督检查，不得拒绝、阻挠。

第五十四条　县级以上人民政府农业农村等部门应当加强农产品质量安全信用体系建设，建立农产品生产经营者信用记录，记载行政处罚等信息，推进农产品质量安全信用信息的应用和管理。

第五十五条　农产品生产经营过程中存在质量安全隐患，未及时采取措施消除的，县级以上地方人民政府农业农村主管部门可以对农产品生产经营者的法定代表人或者主要负责人进行责任约谈。农产品生产经营者应当立即采取措施，进行整改，消除隐患。

第五十六条　国家鼓励消费者协会和其他单位或者个人对农产品质量安全进行社会监督，对农产品质量安全监督管理工作提出意见和建议。任何单位和个人有权对违反本法的行为进行检举控告、投诉举报。

县级以上人民政府农业农村主管部门应当建立农产品质量安全投诉举报制度，公开投诉举报渠道，收到投诉举报后，应当及时处理。对不属于本部门职责的，应当移交有权处理的部门并书面通知投诉举报人。

第五十七条　县级以上地方人民政府农业农村主管部门应当加强对农产品质量安全执法人员的专业技术培训并组织考核。不具备相应知识和能力的，不得从事农产品质量安全执法工作。

第五十八条　上级人民政府应当督促下级人民政府履行农产品质量安全职责。对农产品质量安全责任落实不力、问题突出的地方人民政府，上级人民政府可以对其主要负责人进行责任约谈。被约谈的地方人民政府应当立即采取整改措施。

第五十九条　国务院农业农村主管部门应当会同国务院有关部门制定国家农产品质量安全突发事件应急预案，并与国家食品安全事故应急预案相衔接。

县级以上地方人民政府应当根据有关法律、行政法规的规定和上级人民政府的农产品质量安全突发事件应急预案，制定本行政区域的农产品质量安全突发事件应急预案。

发生农产品质量安全事故时，有关单位和个人应当采取控制措施，及时向所在地乡镇人民政府和县级人民政府农业农村等部门报告；收到报告的机关应当按照农产品质量安全突发事件应急预案及时处理并报本级人民政府、上级人民政府有关部门。发生重大农产品质量安全事故时，按照规定上报国务院及其有关部门。

任何单位和个人不得隐瞒、谎报、缓报农产品质量安全事故，不得隐匿、伪造、毁灭有关证据。

第六十条 县级以上地方人民政府市场监督管理部门依照本法和《中华人民共和国食品安全法》等法律、法规的规定，对农产品进入批发、零售市场或者生产加工企业后的生产经营活动进行监督检查。

第六十一条 县级以上人民政府农业农村、市场监督管理等部门发现农产品质量安全违法行为涉嫌犯罪的，应当及时将案件移送公安机关。对移送的案件，公安机关应当及时审查；认为有犯罪事实需要追究刑事责任的，应当立案侦查。

公安机关对依法不需要追究刑事责任但应当给予行政处罚的，应当及时将案件移送农业农村、市场监督管理等部门，有关部门应当依法处理。

公安机关商请农业农村、市场监督管理、生态环境等部门提供检验结论、认定意见以及对涉案农产品进行无害化处理等协助的，有关部门应当及时提供、予以协助。

第七章　法律责任

第六十二条 违反本法规定，地方各级人民政府有下列情形之一的，对直接负责的主管人员和其他直接责任人员给予警告、记过、记大过处分；造成严重后果的，给予降级或者撤职处分：

（一）未确定有关部门的农产品质量安全监督管理工作职责，未建立健全农产品质量安全工作机制，或者未落实农产品质量安全监督管理责任；

（二）未制定本行政区域的农产品质量安全突发事件应急预案，或者发生农产品质量安全事故后未按照规定启动应急预案。

第六十三条 违反本法规定，县级以上人民政府农业农村等部门有下列行为之一的，对直接负责的主管人员和其他直接责任人员给予记大过处分；情节较重的，给予降级或者撤职处分；情节严重的，给予开除处分；造成严重后果的，其主要负责人还应当引咎辞职：

（一）隐瞒、谎报、缓报农产品质量安全事故或者隐匿、伪造、毁灭有关证据；

（二）未按照规定查处农产品质量安全事故，或者接到农产品质量安全事故报告未及时处理，造成事故扩大或者蔓延；

（三）发现农产品质量安全重大风险隐患后，未及时采取相应措施，造成农产品质量安全事故或者不良社会影响；

（四）不履行农产品质量安全监督管理职责，导致发生农产品质量安全事故。

第六十四条 县级以上地方人民政府农业农村、市场监督管理等部门在履行农产品质量安全监督管理职责过程中，违法实施检查、强制等执法措施，给农产品生产经营者造成损失的，应当依法予以赔偿，对直接负责的主管人员和其他直接责任人员依法给予处分。

第六十五条 农产品质量安全检测机构、检测人员出具虚假检测报告的，由县级以上人民政府农业农村主管部门没收所收取的检测费用，检测费用不足一万元的，并处五万元以上十万元以下罚款，检测费用一万元以上的，并处检测费用五倍以上十倍以下罚款；对直接负责的主管人员和其他直接责任人员处一万元以上五万元以下罚款；使消费者的合法权益受到损害的，农产品质量安全检测机构应当与农产品生产经营者承担连带责任。

因农产品质量安全违法行为受到刑事处罚或者因出具虚假检测报告导致发生重大农产品质量安全事故的检测人员,终身不得从事农产品质量安全检测工作。农产品质量安全检测机构不得聘用上述人员。

农产品质量安全检测机构有前两款违法行为的,由授予其资质的主管部门或者机构吊销该农产品质量安全检测机构的资质证书。

第六十六条 违反本法规定,在特定农产品禁止生产区域种植、养殖、捕捞、采集特定农产品或者建立特定农产品生产基地的,由县级以上地方人民政府农业农村主管部门责令停止违法行为,没收农产品和违法所得,并处违法所得一倍以上三倍以下罚款。

违反法律、法规规定,向农产品产地排放或者倾倒废水、废气、固体废物或者其他有毒有害物质的,依照有关环境保护法律、法规的规定处理、处罚;造成损害的,依法承担赔偿责任。

第六十七条 农药、肥料、农用薄膜等农业投入品的生产者、经营者、使用者未按照规定回收并妥善处置包装物或者废弃物的,由县级以上地方人民政府农业农村主管部门依照有关法律、法规的规定处理、处罚。

第六十八条 违反本法规定,农产品生产企业有下列情形之一的,由县级以上地方人民政府农业农村主管部门责令限期改正;逾期不改正的,处五千元以上五万元以下罚款:

(一)未建立农产品质量安全管理制度;

(二)未配备相应的农产品质量安全管理技术人员,且未委托具有专业技术知识的人员进行农产品质量安全指导。

第六十九条 农产品生产企业、农民专业合作社、农业社会化服务组织未依照本法规定建立、保存农产品生产记录，或者伪造、变造农产品生产记录的，由县级以上地方人民政府农业农村主管部门责令限期改正；逾期不改正的，处二千元以上二万元以下罚款。

第七十条 违反本法规定，农产品生产经营者有下列行为之一，尚不构成犯罪的，由县级以上地方人民政府农业农村主管部门责令停止生产经营、追回已经销售的农产品，对违法生产经营的农产品进行无害化处理或者予以监督销毁，没收违法所得，并可以没收用于违法生产经营的工具、设备、原料等物品；违法生产经营的农产品货值金额不足一万元的，并处十万元以上十五万元以下罚款，货值金额一万元以上的，并处货值金额十五倍以上三十倍以下罚款；对农户，并处一千元以上一万元以下罚款；情节严重的，有许可证的吊销许可证，并可以由公安机关对其直接负责的主管人员和其他直接责任人员处五日以上十五日以下拘留：

（一）在农产品生产经营过程中使用国家禁止使用的农业投入品或者其他有毒有害物质；

（二）销售含有国家禁止使用的农药、兽药或者其他化合物的农产品；

（三）销售病死、毒死或者死因不明的动物及其产品。

明知农产品生产经营者从事前款规定的违法行为，仍为其提供生产经营场所或者其他条件的，由县级以上地方人民政府农业农村主管部门责令停止违法行为，没收违法所得，并处十万元以上二十万元以下罚款；使消费者的合法权益受到损害的，应当与农产品生产经营者承担连带责任。

第七十一条　违反本法规定，农产品生产经营者有下列行为之一，尚不构成犯罪的，由县级以上地方人民政府农业农村主管部门责令停止生产经营、追回已经销售的农产品，对违法生产经营的农产品进行无害化处理或者予以监督销毁，没收违法所得，并可以没收用于违法生产经营的工具、设备、原料等物品；违法生产经营的农产品货值金额不足一万元的，并处五万元以上十万元以下罚款，货值金额一万元以上的，并处货值金额十倍以上二十倍以下罚款；对农户，并处五百元以上五千元以下罚款：

（一）销售农药、兽药等化学物质残留或者含有的重金属等有毒有害物质不符合农产品质量安全标准的农产品；

（二）销售含有的致病性寄生虫、微生物或者生物毒素不符合农产品质量安全标准的农产品；

（三）销售其他不符合农产品质量安全标准的农产品。

第七十二条　违反本法规定，农产品生产经营者有下列行为之一的，由县级以上地方人民政府农业农村主管部门责令停止生产经营、追回已经销售的农产品，对违法生产经营的农产品进行无害化处理或者予以监督销毁，没收违法所得，并可以没收用于违法生产经营的工具、设备、原料等物品；违法生产经营的农产品货值金额不足一万元的，并处五千元以上五万元以下罚款，货值金额一万元以上的，并处货值金额五倍以上十倍以下罚款；对农户，并处三百元以上三千元以下罚款：

（一）在农产品生产场所以及生产活动中使用的设施、设备、消毒剂、洗涤剂等不符合国家有关质量安全规定；

（二）未按照国家有关强制性标准或者其他农产品质量安全规

定使用保鲜剂、防腐剂、添加剂、包装材料等，或者使用的保鲜剂、防腐剂、添加剂、包装材料等不符合国家有关强制性标准或者其他质量安全规定；

（三）将农产品与有毒有害物质一同储存、运输。

第七十三条　违反本法规定，有下列行为之一的，由县级以上地方人民政府农业农村主管部门按照职责给予批评教育，责令限期改正；逾期不改正的，处一百元以上一千元以下罚款：

（一）农产品生产企业、农民专业合作社、从事农产品收购的单位或者个人未按照规定开具承诺达标合格证；

（二）从事农产品收购的单位或者个人未按照规定收取、保存承诺达标合格证或者其他合格证明。

第七十四条　农产品生产经营者冒用农产品质量标志，或者销售冒用农产品质量标志的农产品的，由县级以上地方人民政府农业农村主管部门按照职责责令改正，没收违法所得；违法生产经营的农产品货值金额不足五千元的，并处五千元以上五万元以下罚款，货值金额五千元以上的，并处货值金额十倍以上二十倍以下罚款。

第七十五条　违反本法关于农产品质量安全追溯规定的，由县级以上地方人民政府农业农村主管部门按照职责责令限期改正；逾期不改正的，可以处一万元以下罚款。

第七十六条　违反本法规定，拒绝、阻挠依法开展的农产品质量安全监督检查、事故调查处理、抽样检测和风险评估的，由有关主管部门按照职责责令停产停业，并处二千元以上五万元以下罚款；构成违反治安管理行为的，由公安机关依法给予治安管理处罚。

第七十七条　《中华人民共和国食品安全法》对食用农产品进

入批发、零售市场或者生产加工企业后的违法行为和法律责任有规定的，由县级以上地方人民政府市场监督管理部门依照其规定进行处罚。

第七十八条　违反本法规定，构成犯罪的，依法追究刑事责任。

第七十九条　违反本法规定，给消费者造成人身、财产或者其他损害的，依法承担民事赔偿责任。生产经营者财产不足以同时承担民事赔偿责任和缴纳罚款、罚金时，先承担民事赔偿责任。

食用农产品生产经营者违反本法规定，污染环境、侵害众多消费者合法权益，损害社会公共利益的，人民检察院可以依照《中华人民共和国民事诉讼法》、《中华人民共和国行政诉讼法》等法律的规定向人民法院提起诉讼。

第八章　附　则

第八十条　粮食收购、储存、运输环节的质量安全管理，依照有关粮食管理的法律、行政法规执行。

第八十一条　本法自2023年1月1日起施行。

参考文献

1. 高鸣、赵雪：《农业强国视域下的粮食安全：现实基础、问题挑战与推进策略》，《农业现代化研究》2023年第4期。

2. 江生忠、朱文冲：《农业保险有助于保障国家粮食安全吗？》，《保险研究》2021年第10期。

3. 马恩朴、蔡建明、林静、郭华、韩燕、廖柳文：《2000—2014年全球粮食安全格局的时空演化及影响因素》，《地理学报》2020年第2期。

4. 毛学峰、刘靖、朱信凯：《中国粮食结构与粮食安全：基于粮食流通贸易的视角》，《管理世界》2015年第3期。

5. 张元红、刘长全、国鲁来：《中国粮食安全状况评价与战略思考》，《中国农村观察》2015年第1期。

6. 崔明明、聂常虹：《基于指标评价体系的我国粮食安全演变研究》，《中国科学院院刊》2019年第8期。

7. 朱文冲：《农业保险政策对粮食安全的影响研究——基于粮食支持政策的视角》，南开大学2022年论文。

8. 《粮食安全干部读本》，人民出版社2021年2月第1版。

9. 王新刚、司伟：《大豆补贴政策改革实现大豆扩种了吗？——基于大豆主产区124个地级市的实证》，《中国农村经济》2021年第12期。

10. 麻吉亮、孔维升、朱铁辉：《农业灾害的特征、影响以及防灾减灾抗灾机制——基于文献综述视角》，《中国农业大学学报（社会科学版）》2020年第5期。

11. 庙成、林虹宇：《中国农业自然灾害可接受风险水平研究》，《灾害学》2023年第1期。

12. 李丹、张胜男：《改革开放40年来我国农业保险发展历程及展望》，《农业经济与管理》2019年第1期。

13. 李卓、王峰伟、封立涛：《土地流转政策对粮食安全的影响》，《财经科学》2021年第3期。

14. 姜国忠、罗盈婵：《我国土地流转"非粮化"现象对粮食安全的影响研究》，《农业经济问题》2021年第3期。

15. 何蒲明、魏君英：《农业供给侧改革背景下粮食最低收购价政策改革研究》，《农业现代化研究》2019年第4期。

16. 李明建：《关于我国粮食最低收购价政策变迁与取向研究》，《农业经济》2022年第1期。

17. 张志新、王迪、唐海云：《中国粮食安全保障程度：基于粮食消费结构变化的分析》，《消费经济》2022年第5期。

18. 詹琳、蒋和平：《粮食目标价格制度改革的困局与突破》，《农业经济问题》2015年第2期。

19. 吴雪：《中国粮食目标价格制度改革面临的困难及对策研究》，《价格月刊》2020年第8期。

20. 胡迪、刘婷、薛平平、虞松波：《我国粮食目标价格补贴政策的作用机制分析》，《江苏社会科学》2019年第4期。

21. 丁声俊：《论国家粮食储备和粮食价格分析》，《农产品加工（创新版）》2009年第3期。

22. 朱丽莉、沈红、李光泗：《国际粮食收储运产业发展模式及对中国启示》，《农业经济》2021年第2期。

23. 刘洁璇：《浅议"粮食银行"的发展模式与风险防控策略》，《粮食问题研究》2020年第2期。

24. 曹冲、赵向豪、汪晶晶：《虚拟耕地资源投入的农业经济增长"尾效"研究》，《经济地理》2022年第4期。

25. 张鹏、邹家骏：《我国粮食金融化的特征、影响及对策分析》，《价格月刊》2018年第11期。

26.《有序推进转基因产业化》，《人民日报》2022年1月6日第2版。

27.《把粮食安全作为建设农业强国的头等大事》，《光明日报》2023年4月18日第11版。

28. 朱满德、李成秀、程国强：《保障国家粮食安全：在增产与减损两端同时发力》，《农业现代化研究》2023年第4期。

29. 杜鹰、张秀青、梁腾坚：《国家食物安全与农业新发展格局构建》，《农业经济问题》2022年第9期。

30. 魏后凯等：《中国农村发展报告（2021）——面向2035年的农业农村现代化》，中国社会科学出版社2021年7月。

31. 陈颖、李继志：《我国粮食生产支持政策的历史演变、现实迷失及政策优化》，《农业经济》2021年第5期。

32. 曹宝明、黄昊舒、赵霞：《中国粮食储备体系的演进逻辑、现实矛盾与优化路径》，《农业经济问题》2022年第11期。

33. 杨丽娟、杜为公：《从封闭走向开放：新中国70年粮食进出口贸易政策的变迁与逻辑》，《江苏农业科学》2021年第10期。

34. 韩杨：《中国耕地保护利用政策演进、愿景目标与实现路径》，《管理世界》2022年第11期。

35.《中国农业农村政策的基本框架》，中国农业出版社2022年版。